AF367832

JAVIER ALBERTO BERNAL RUIZ

EL PROFESOR
DE
EDUCACIÓN FÍSICA
Y
EL ALUMNO SORDO

WANCEULEN
EDITORIAL DEPORTIVA S.L.

Título: EL PROFESOR DE EDUCACIÓN FÍSICA Y EL ALUMNO SORDO

Autor: Javier Alberto Bernal Ruiz

Ilustraciones: Manuel Mateo Torés

Editorial: WANCEULEN EDITORIAL DEPORTIVA S.L.
c/ Cristo del Desamparo, 56   41006 SEVILLA
Tlfs. (95) 465 66 61 y 492 15 11 – Fax: (95) 492 10 59

I.S.B.N.: 978-84-95883-15-5

Dep. Legal: **-*******

© **Copyright: WANCEULEN EDITORIAL DEPORTIVA S.L.**

Primera Edición: Año 2002

Impreso en España: Publicaciones Digitales S.A. (Sevilla)
www.publidisa.com
(+34) 95.458.34.25

---

*Dedicado a las manos que me aconsejan sabiamente,
a las que me alimentan, a las que me calman,
a las que me deleitan con su música,
con su pintura, con su magia,
a las que me dejan paso sin poner barreras,
a las que no dictan sino ofrecen,
a las que luchan contra las injusticias sin buscar beneficios,
a todas estas manos amigas... y siempre unidas.*

ÍNDICE

1. INTRODUCCIÓN

Las últimas décadas del siglo XX han servido para que numerosos países apuesten por la integración de las personas con deficiencias físicas, psíquicas y / o sensoriales en la vida social y laboral de la nación. Podemos estar hablando de un momento álgido para estas comunidades que ven cómo los gobiernos elaboran leyes para hacer sus vidas tan normales como las de los demás (acceso a la educación, supresión de barreras arquitectónicas, avances tecnológicos, etc), o planifican experiencias directas e indirectas de cooperación (en el campo del deporte podemos ver cómo en campeonatos nacionales y mundiales, por ejemplo en el atletismo, se disputan las pruebas de atletas normales y atletas discapacitados en las mismas jornadas).

También es interesante la divulgación de contenidos para concienciar al resto de ciudadanos de las capacidades que pueden llegar a desarrollar las personas con deficiencias, y esto se refleja en todos los campos de la comunicación. Así, a través de la televisión se retransmiten eventos deportivos (Paralimpiadas, Campeonatos del Mundo Adaptados…) y numerosos reportajes sobre talleres ocupacionales y proyectos de integración que ya funcionan desde hace años. En este sentido los medios de comunicación también se adaptan a las propias deficiencias de los miembros que forman la sociedad para ofrecer la misma información que al resto, emitiendo noticieros con traducción en la lengua de signos, películas e informaciones subtituladas, radiodifusiones de películas para sordos, etc. Este aspecto resulta esencial para la participación en una misma sociedad y por tanto para su integración o normalización.

En el ámbito educativo, el sistema marca como uno de sus principios el de la normalización, facilitando a los alumnos con necesidades especiales la educación en el ambiente y con el grupo de profesionales más adecuados posible.

Con este manual teórico – práctico queremos ayudar a la formación del profesorado, concretamente a la del especialista en Educación Física, ya sea en Primaria o Secundaria, ofreciendo la información necesaria sobre el alumno sordo para que pueda conocer su necesidad y los problemas que puede encontrar en el proceso de enseñanza – aprendizaje, e indicando algunas pautas de actuación básicas ante los alumnos con estas características.

El aprendizaje de la lengua de signos es un trabajo complicado y que requiere una practica continuada, aunque nuestra propuesta, sencilla y útil, opta por dar a conocer los aspectos más básicos de la misma, de modo que el profesor de educación física pueda disponer de un vocabulario específico con el que construir frases cortas pero significativas, indicaciones que también deben realizarse en la actividad con alumnos normalizados. Consideramos al educador especialista en educación física como una persona muy activa e innovadora, capaz de adquirir estos conocimientos y ayudar en la tarea de la integración escolar a un grupo de alumnos necesitados de este tipo de educadores con grandes recursos pedagógicos y didácticos.

La lengua de signos en nuestro país tiene numerosas variaciones dependiendo de la zona geográfica en la que nos encontremos, de modo que sería imposible incluir todos los gestos que existen. Tampoco es nuestro interés elaborar un manual para aprender la lengua de signos completa de forma tan mecanizada, sino más bien proporcionar lo necesario para poder dirigir una sesión deportiva. Las palabras / gestos que les mostraremos a lo largo de las siguientes páginas se corresponden con los pertenecientes a la lengua de signos española, y no son inventados ni arbitrarios, lo que podría suponer un conflicto al intentar comunicarnos con alumnos que ya conocen este sistema. En el caso contrario, es decir, si un niño aún no hubiese desarrollado el lenguaje signado, podríamos provocar interferencias en el aprendizaje y adquisición del mismo.

El segundo bloque de contenidos del manual está formado por una recopilación de ejercicios prácticos para ser desarrollados en las sesiones de educación física, en sus vertientes recreativa y educativa, con diferentes niveles de dificultad, de modo que se adapten a los niveles de cada alumno. Hemos considerado que el equilibrio y la coordinación son las dos capacidades más importantes para ser trabajadas con los alumnos sordos, puesto que engloban a otras también importantes como las capacidades físicas y las habilidades básicas.

La Educación Física es un área que ayuda a desarrollar la personalidad de forma íntegra, además de influir positivamente en las deficiencias normalizándolas o rehabilitándolas.

Esperamos que este manual les sea de gran ayuda para ampliar su repertorio de estrategias didácticas y, sobre todo, que sirva para mejorar la calidad educativa de muchos alumnos.

2. CARACTERÍSTICAS DEL NIÑO SORDO

2.1. FÍSICAS

Los seres humanos disponemos de numerosos órganos sensoriales a través de los cuales recibir información sobre el exterior (en forma de energía mecánica, física, química, etc) y sobre el interior de nuestro propio cuerpo. A groso modo podríamos clasificarlos en:

- INTEROCEPTORES: situados en las vísceras se estimulan con los cambios producidos en el ambiente interno de las mismas.

- PROPIOCEPTORES: situados en los músculos, tendones, articulaciones y el laberinto (oído). Todos ellos tienen relación con el equilibrio y nos ayudan a conocer de forma autómata la posición del cuerpo respecto al espacio y al movimiento. Los tres primeros nos informan sobre la presión, el estiramiento o la tensión del aparato locomotor, mientras que el laberinto cumple la función de informar, como desarrollaremos más tarde, sobre la posición de la cabeza respecto a la horizontalidad, en movimiento o estáticos.

- EXTEROCEPTORES: los cinco sentidos (vista, olfato, gusto, tacto y oído).

El órgano receptor que más nos interesa para la elaboración de este manual es el oído, ya que cualquier lesión o deficiencia en cualquier parte de su morfología puede llevar a minusvalías que inciden en el ámbito evolutivo del sujeto, y por tanto en el proceso educativo y en la Educación Física.

El oído está dividido en tres grandes secciones: OÍDO EXTERNO, MEDIO E INTERNO.

El Oído Externo se corresponde con el pabellón auditivo y el conducto auditivo externo. El Oído Medio contiene tres pequeños huesos, el Martillo, el Yunque y el Estribo, así como el Tímpano o membrana timpánica.

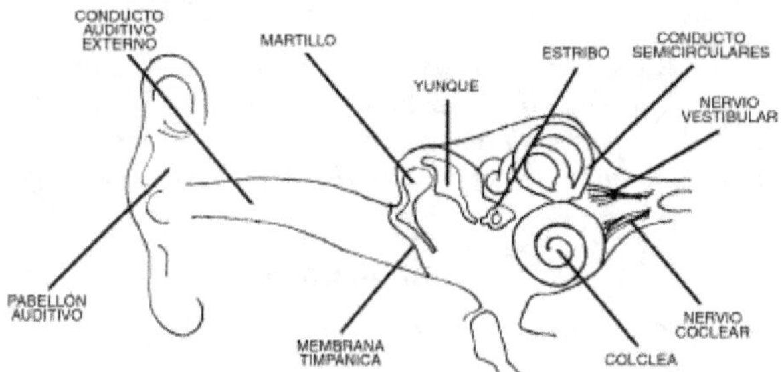

El Oído Interno contiene el denominado Órgano del Equilibrio (conductos semicirculares de donde se obtiene información sobre la posición de la cabeza respecto a la horizontalidad), así como el Órgano de Corti (la cóclea, con receptores para la audición), y el Nervio Auditivo (encargado de transmitir la información al complejo sistema nervioso).

¿Cómo actúa el Órgano del Equilibrio?

En el oído interno se encuentran tres conductos circulares, uno por cada plano (x, y, z), y otro compartimento, el Sáculo, que contiene las Máculas, los verdaderos informadores del equilibrio.

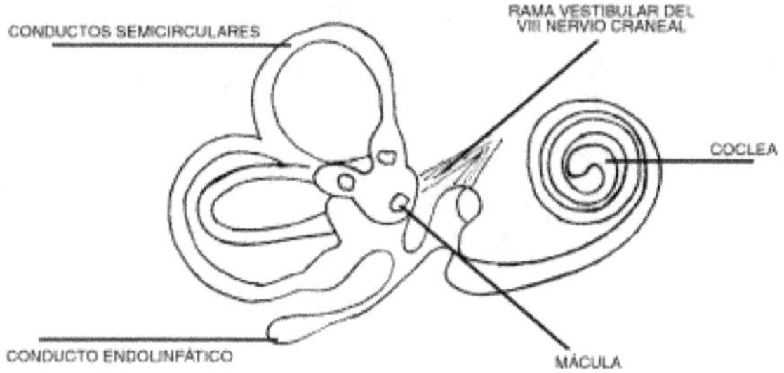

Una Mácula está compuesta por una cúpula gelatinosa en cuyo interior se desplazan libremente los Otolitos (cristales de carbonato de calcio), que estimulan las Prolongaciones Filiformes de las Células Ciliadas al chocar con ellas una vez que se haya producido movimiento. Esta información pasa directamente al nervio vestibular y al cerebro.

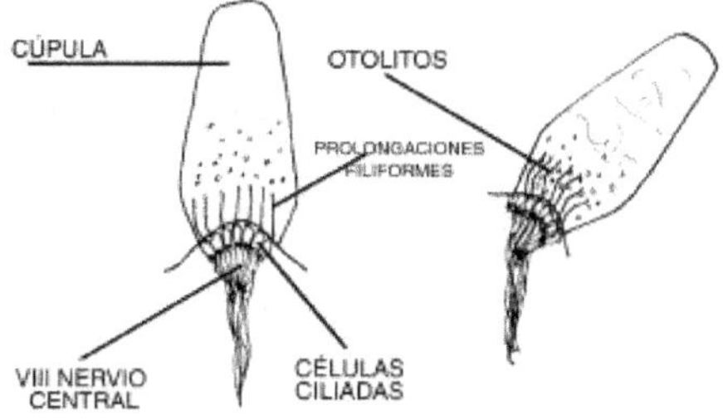

El equilibrio, estático o dinámico, viene determinado entonces por tres factores complementarios, por lo que la deficiencia en uno de ellos incide en el grado de desarrollo global del equilibrio. Estos factores son la información visual (ofrece información sobre nuestra posición respecto al horizonte), la información propioceptiva que ya mencionamos anteriormente, y el órgano del equilibrio o información vestibular.

Tampoco debemos olvidar que el desarrollo de la persona es un proceso integral, y que cualquier tipo de deficiencia que impida desarrollar con normalidad una cualidad, capacidad o habilidad física se verá reflejada en el trabajo del resto de habilidades, ya que todas forman una red en la que unas dependen en mayor o menor grado del resto.

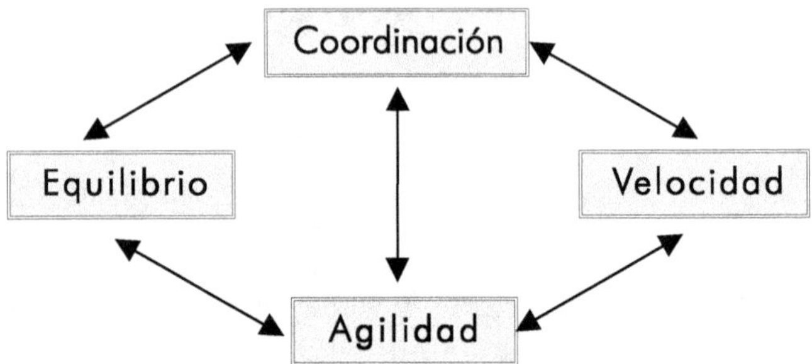

Las lesiones a las que hacíamos referencia anteriormente pueden ser congénitas o producidas por enfermedades y accidentes, y pueden repercutir en mayor o menor medida en la actividad física, deportiva o recreativa, de los alumnos de edades inferiores. Así, se pueden encontrar retrasos en el desarrollo de aspectos como:

- Psicomotricidad Fina: manipulación de elementos con las manos y los dedos.
- Psicomotricidad Gruesa: coordinación general del cuerpo en carreras y saltos.
- Control Postural: Equilibrio estático y Equilibrio dinámico.
- Orientación Espacial.
- Orientación Espacio – Temporal.
- Esquema Corporal.
- Lateralidad.

Todos estos aspectos deben ser trabajados con alumnos que tengan deficiencias auditivas, de modo que se consiga desarrollar y normalizar al máximo su situación. En nuestra propuesta práctica (Apartado 3.6.) hemos establecido dos grandes grupos de ejercicios que intentan englobar a los anteriores, y que se desarrollan bajo los epígrafes de Ejercicios de Equilibrio y Ejercicios de Coordinación.

Una clasificación del alumno sordo o con déficit auditivo es la que sigue:

· Sordera Profunda: la pérdida auditiva se remonta por encima de los 90 decibelios.

· Hipoacusia Grave: pérdida auditiva entre 60 y 90 decibelios.

· Hipoacusia de Grado Medio: entre 40 y 60 decibelios.

· Hipoacusia Leve: pérdida entre 30 y 40 decibelios.

2.2. LENGUAJE

La capacidad comunicativa a través del lenguaje representa un complicado sistema en el que participan el aparato verbal, como ejecutor de la transmisión de contenidos, y el órgano auditivo como receptor de contenidos y retroalimentador de los transmitidos.

El lenguaje en el ser humano resulta una herramienta esencial para su desarrollo cognitivo, ya que a través de él entra en contacto con el mundo que le rodea y abstrae los objetos y demás estímulos en forma de palabras que se relacionarán en los esquemas mentales. El niño sordo, al no disponer del lenguaje o no desarrollarlo con normalidad, tiene la capacidad de abstraer los conocimientos a través del lenguaje de los signos, relacionando un movimiento o gesto con un objeto, acción, adjetivo, etc. El conocimiento del mundo externo se muestra entonces menos rico que en personas sin deficiencias, ya que estas disponen del sentido del oído que es uno de los que ofrecen más información, aún así, si el trabajo con signos se realiza desde edades tempranas, el proceso evolutivo no debe mostrar demasiadas diferencias con el de cualquier otro niño.

Una comparativa entre los canales utilizados por el lenguaje oral y el lenguaje de signos es la que sigue:

LENGUAJE ORAL	LENGUAJE DE SIGNOS
Canal Auditivo	Canal Visual
Canal Visual	Canal Gestual
	Canal Espacial

En los casos en los que existen restos auditivos o hipoacusia media o leve, y por tanto en los que se desarrolla el lenguaje oral, es característico un mantenimiento del tono en el habla así como un cierto desorden en la formación de las oraciones, algo que también se refleja en la escritura de aquellos sordos que no consiguen un desarrollo total de ambos sistemas comunicativos.

En la tabla de la página siguiente reflejamos el desarrollo normal del lenguaje hasta la adolescencia.

2.3. SOCIALES

La interactividad del ser humano con el mundo le proporciona los conocimientos necesarios para poder desarrollarse. Esta interacción con la sociedad es un tanto compleja para el deficiente sensorial auditivo, puesto que gran parte de la información se transmite

Hasta la séptima semana de vida	Período de grito.
Sexta semana al sexto mes	Período de laleo (comienzo del control auditivo retrógrado)
De 6 a 9 meses	Período de laleo (audición en primer plano)
De 8 a 9 meses	Estadio de ecolalia (imitación y primera comprensión verbal) / comprensión
De 9 a 12 meses	Comienzo de las manifestaciones verbales intencionales.
De 13 a 15 meses	Aparición delas significaciones verbales precisas (función simbólica del lenguaje)
De 12 a 18 meses	Palabras frase, titubeo de desarrollo.
De 18 a 24 meses	Frases de dos palabras, frases de varias palabras sin conexión gramatical, primeras preguntas.
Fin del segundo año de vida	Frases de afirmación con gramatismo, consolidación de la conciencia simbólica.
A partir del tercer año de vida	Frases de varia palabras gramaticalmente correctas (adopción y aplicación de los primeros medios de conexión gramatical)
Del cuarto al séptimo año de vida	Dominio completo del repertorio fonético. Inicio de la sintaxis compleja. Acceso al lenguaje escrito.
Del séptimo al duodécimo año de vida	Sintaxis compleja. Lectoescritura y acceso a nuevos lenguajes.

con el lenguaje oral o la escritura, y además el lenguaje de signos, que es el sistema con el que podrían mantener una relación adecuada, no es conocido por todos los miembros de la sociedad, por lo que los ámbitos de actuación y vida social quedan reducidos en la mayoría de las ocasiones a los que se producen dentro de la comunidad sorda (entre sordos que hablan la misma lengua y tienen objetivos comunes)

Con frecuencia esta no participación directa en / con la sociedad provoca la aparición de determinadas actitudes:

√ Incomunicación o limitación de la experiencia: por no llegar a captar la realidad de forma completa, ya que existen otros canales de información al que no tienen acceso por su discapacidad (sonidos) o por su nivel de desarrollo (lecto-escritura).

√   Dependencia: de los familiares, sordos o no, que le proporcionan protección ante una sociedad que pueden comprender y de la que no pueden participar.

√   Inferioridad: la dependencia de otras personas para poder entrar en comunicación con la sociedad puede llevar en determinadas ocasiones a crear un sentimiento de inferioridad respecto a otros iguales oyentes.

3. EDUCACIÓN ESPECIAL

3.1. LOS ALUMNOS CON NEE EN LA EDUCACIÓN ESPAÑOLA

El primer documento histórico que habla de la igualdad de condiciones de acceso a la educación es la Declaración Universal de los Derechos Humanos, aprobada el 10 de diciembre de 1948 por la Asamblea General de las Naciones Unidas. Aunque no se realice una mención directa a los alumnos con discapacidades, deficiencias, y / u otras necesidades educativas, sí se comienza a forjar la idea de que TODOS deben ser tratados por igual ante los diferentes sistemas educativos de cada país, recibiendo una formación gratuita y obligatoria con la que se obtenga un desarrollo personal y social completo. Así se hace constar en su Artículo 26:

> *"26.1. Toda persona tiene derecho a la educación. La educación debe ser gratuita, al menos en lo concerniente a la instrucción elemental y fundamental. La instrucción elemental será obligatoria. La instrucción técnica y profesional habrá de ser generalizada; el acceso a los estudios superiores será igual para todos, en función de los méritos respectivos.*

> *26.2. La educación tendrá por objeto el pleno desarrollo de la personalidad humana y el fortalecimiento del respeto a los derechos humanos y a las libertades fundamentales; favorecerá la comprensión, la tolerancia y la amistad entre todas las naciones y todos los grupos étnicos o religiosos, y promoverá el desarrollo de las actividades de las Naciones Unidas para el mantenimiento de la paz."*

En nuestro país, la Ley 14/1970, de 4 de agosto, GENERAL DE EDUCACIÓN Y FINANCIAMIENTO DE LA REFORMA EDUCATIVA, más conocida como la "Ley de Educación de 1970", vino a reformar un sistema educativo obsoleto (Ley Moyano) basado en una sociedad jerárquica en la que el acceso a la educación quedaba restringido a un número ínfimo de personas. Las nuevas condiciones sociales, políticas y económicas habían desembocado en un cambio necesario tal y como recoge el documento oficial en sus primeras líneas cuando habla del papel de la educación:

> *"...debe proporcionar oportunidades educativas a la totalidad de la población para dar así plena efectividad al*

> *derecho de toda persona humana a la educación ... la necesidad de capacitar al individuo para afrontar con eficacia las nuevas situaciones que le deparará el ritmo acelerado del mundo contemporáneo y la urgencia de contribuir a la edificación de una sociedad más justa constituyen algunas de las arduas exigencias cuya realización se confía a la Educación."*

y continúa:

> *"Entre los objetivos que se propone la presente Ley son de especial relieve los siguientes: Hacer partícipe de la educación a toda la población española ... ofrecer a todos la igualdad de oportunidades educativas, sin más limitaciones que la de la capacidad para el estudio ... Se trata, en última instancia, de construir un sistema educativo permanente no concebido como criba selectiva de los alumnos, sino capaz de desarrollar hasta el máximo la capacidad de todos y cada uno de los españoles."*

También se convertiría este documento en el primero que otorgaba una cierta libertad a los docentes para que experimentasen nuevos métodos y criterios de actuación educativos, de modo que el sistema fuese modelable y constructivo a través de la experiencia.

> *"El espíritu de la Ley no consiste, por tanto, ni en el establecimiento de un cuerpo de dogmas pedagógicos reconocidos por todos, ni en la imposición autoritaria de un determinado tipo de criterios. Lejos de ello, esta Ley está inspirada en la convicción de que todos aquellos que participan en las tareas educativas han de estar subordinados al éxito de la obra educadora, y que quienes tienen la responsabilidad de estas tareas han de tener el ánimo abierto al ensayo, a la reforma y a la colaboración, venga ésta de donde viniere."*

En este mismo sentido también se marca en el Artículo 109.2. perteneciente al TÍTULO TERCERO. EL PROFESORADO. CAPÍTULO SEGUNDO. PROFESORADO ESTATAL, que al profesorado de Educación General Básica compete:

> *"Adaptar a las condiciones peculiares de su clase el desarrollo de los programas escolares y utilizar los métodos que consideren más útiles y aceptables para sus alumnos, así como los textos y el material de enseñanza, dentro de las normas generales dictadas por el Ministerio de Educación y Ciencia."*

aspecto éste que también concierne al profesorado no estatal, es decir, de centros y organizaciones privadas y concertadas.

La Ley de Educación de 1970 queda marcada también por la influencia y necesidad de cumplimiento de la Declaración Universal de Derechos Humanos y, por tanto, en su TÍTULO PRELIMINAR, Artículo 2.2. expone:

"La Educación General Básica será obligatoria y gratuita para todos los españoles..."

En el TÍTULO PRIMERO, CAPÍTULO PRIMERO, DISPOSICIONES GENERALES, se hace referencia por vez primera a la existencia de modalidades educativas que necesitan de un período de realización diferente al del sistema educativo para alumnos normalizados. Así, el Artículo 12.2. señala que:

" Estarán también incluidas en el sistema educativo las modalidades que vengan exigidas por peculiaridades de los alumnos, de los métodos y de las materias."

y prosigue esta misma idea en los Artículos 15.1. y 19.1. en el CAPÍTULO SEGUNDO, NIVELES EDUCATIVOS, SECCIÓN 2ª EDUCACIÓN GENERAL BÁSICA, cuando establece respectivamente:

" La Educación General Básica tiene por finalidad proporcionar una formación integral fundamentalmente igual para todos y adaptada, en lo posible, a las aptitudes y capacidades de cada uno." y *"En el período de Educación General Básica se tendrán en cuenta sobre todo los progresos del alumno en relación a su propia capacidad."*

La Ley General de Educación de 1970 se establece como el primer sistema educativo que hace referencia directa a la educación de alumnos con necesidades especiales (a pesar de utilizar un vocabulario algo brusco y tratar esas necesidades más como una enfermedad que como una característica propia del alumno), y a ello le dedica cinco artículos que conforman el CAPÍTULO SÉPTIMO de la ley, titulado EDUCACIÓN ESPECIAL. De estos artículos destacamos los siguientes:

"49.1. La educación especial tendrá como finalidad preparar, mediante el tratamiento educativo adecuado, a todos los deficientes e inadaptados para una incorporación a la vida social, tan plena como sea posible en cada caso, según sus condiciones y resultado del sistema educativo, y a un sistema de trabajo en todos los casos posibles que les permita servirse a sí mismos y sentirse útiles a la sociedad."

Como primera aproximación a las necesidades especiales de los alumnos se nombra a especialistas para que hagan un censo de éstos, pero aún no se habla de pasos concretos como los que se darán en años sucesivos, y se deja la educación de los "deficientes e inadaptados" a los centros de educación especial, siendo muy pocos los alumnos con alguna deficiencia (deficiencias y minusvalías muy leves) los que desarrollan su educación en centros ordinarios con alumnos normalizados.

"50. El Ministerio de Educación y Ciencia establecerá los medios para la localización y el diagnóstico de los alumnos

necesitados de educación especial. A través de los servicios médico-escolares y de orientación educativa y profesional, elaborará el oportuno censo, con la colaboración del profesorado -especialmente el de Educación Preescolar y Educación General Básica-, de los Licenciados y Diplomados en Pedagogía Terapéutica y Centros especializados. También procurará la formación del profesorado y personal necesario y colaborará con los programas de otros Ministerios, Corporaciones, Asociaciones o particulares que persigan estos fines."

"51. La educación de los deficientes e inadaptados, cuando la profundidad de las anomalías que padezcan lo haga absolutamente necesario, se llevará a cabo en Centros especiales, fomentándose el establecimiento de unidades de educación especial en Centros docentes de régimen ordinario para los deficientes leves cuando sea posible."

Ocho años más tarde, en 1978, tras el cambio político provocado por la muerte del General Franco, se aprueba la Constitución Española finalizando la transición entre dictadura y democracia. En ella se ratifican los principios de igualdad en el acceso a la educación.

"27.1. Todos tienen el derecho a la educación. Se reconoce la libertad de enseñanza."

"27.4. La enseñanza básica es obligatoria y gratuita."

"27.5. Los poderes públicos garantizan el derecho de todos a la educación, mediante una programación general de la enseñanza, con participación efectiva de todos los sectores afectados y la creación de centros docentes."

En lo que se refiere al tema que nos ocupa, la educación especial y dentro de ella la educación física especial, la Constitución dedica su Artículo número 49 estableciendo que

"Los poderes públicos realizarán una política de previsión, tratamiento, rehabilitación e integración de los disminuidos físicos, sensoriales y psíquicos, a los que prestarán la atención especializada que requieran y los ampararán especialmente para el disfrute de los derechos que este Título otorga a todos los ciudadanos."

El siguiente documento en orden cronológico que lucha por los derechos y deberes de los alumnos con necesidades especiales es el conocido como LISMI, Ley 13/1982, de 7 de abril, de Integración Social de Minusválidos, y es de importancia primordial ya que se trata de la primera ley específica que engloba una gran parte de las necesidades de las personas con minusvalías (según las define en su Artículo 7, *"toda persona cuyas posibilidades de integración educativa, laboral o social se hallen disminuidos como consecuencia de una deficiencia, previsiblemente permanente, de carácter congénito o no, en sus capacidades físicas, psíquicas o sensoriales"*), y establece en sus artículos indicaciones y principios tan variados como los referidos a la supresión de barreras arquitectónicas, prevención de minusvalías y su tratamiento a través de la detección y la rehabilitación, los referidos a la integración laboral, y los que nos atañen a nosotros, los relacionados con el ámbito educacional. A ello le dedica su SECCIÓN TERCERA: de la educación, de la que resaltamos dos artículos:

El primero de ellos establece con claridad que el entorno más adecuado para una integración es el sistema ordinario del que disfrutan los alumnos denominados normalizados, debiendo realizar las adaptaciones oportunas según el tipo de discapacidad o minusvalía del alumno con necesidades.

> *"23.1. El minusválido se integrará en el sistema ordinario de la educación general, recibiendo en su caso, los programas de apoyo y recursos que la presente Ley reconoce."*

El segundo artículo destacado hace reflexionar sobre la necesidad de un personal especializado para prevenir, descubrir y rehabilitar deficiencias en la medida de lo posible, estableciendo planes específicos de actuación en el terreno educativo.

> *"28.1. La Educación Especial, en cuanto proceso integrador de diferentes actividades, deberá contar con el personal interdisciplinario técnicamente adecuado que, actuando como equipo multiprofesional, garantice las diversas atenciones que cada deficiente requiera."*

Una vez que la LISMI estableció los principios básicos de integración social de los minusválidos, éstos se desarrollaron y concretaron en el Real Decreto 334/1985, de 6 de marzo, de Ordenación de la Educación Especial.

> *"5.2. Esta atención educativa tendrá por objeto corregir en lo posible las deficiencias o anomalías o, en su caso, sus secuelas; prevenir y evitar la aparición de las mismas, en los supuestos de riesgo; y, en general, dirigir, apoyar y estimular el proceso de desarrollo y socialización del niño en un ambiente de completa integración."*

> *"11.1. Los apoyos que todo proceso educativo individualizado requiere, se intensificarán y diversificarán a efectos de educación especial, adecuándolos a las necesidades de los alumnos y a las características de sus disminuciones o inadaptaciones."*

> *"11.2. Estos apoyos comprenderán, fundamentalmente, la valoración y orientación educativa (tanto para el alumno estableciendo planes de trabajo individuales, como para el profesor orientándolo acerca de las técnicas para la aplicación del mismo), el refuerzo pedagógico (seguimiento*

del plan individual, adaptación de recursos didácticos), *y los tratamientos y demás atenciones personalizadas (psicomotricidad, logopedia, fisioterapia, etc)...*"

"*17.1. Las adaptaciones del sistema pedagógico ordinario, que tendrán por objeto posibilitar o facilitar al alumno disminuido o inadaptado su proceso educativo, podrán concretarse en acomodar a las peculiaridades físicas, sensoriales o intelectuales de aquél el contenido o desarrollo de los programas ordinarios, los métodos o sistemas de impartición de los mismos, el material didáctico y los medios materiales utilizados, o las pruebas de evaluación de conocimientos que correspondan...*"

En 1990 se aprueba la LOGSE, Ley Orgánica 1/1990, de 3 de octubre, de Ordenación General del Sistema Educativo, por la que se reforma el sistema que se venía utilizando desde 1970. Tres de los factores que influyeron en la necesidad del cambio fueron:

- Disfunción del Sistema Educativo: un elevado fracaso escolar, contenidos obsoletos, y la obligatoriedad de la educación hasta los 14 años cuando el acceso al trabajo se marcaba a los 16 (existía un período de 2 años en los que una gran cantidad de alumnos se encontraban desocupados).

- Nuevas Tecnologías: el desarrollo informático y científico del país requería personal cada vez más cualificado.

- Unión Europea: el libre desplazamiento de personas por el resto de países europeos lleva consigo la libertad de comercio y de trabajo, siendo necesario que los alumnos completen una formación más plural con vistas a esas posibilidades.

Con la LOGSE se reafirma la idea de EDUCACIÓN PARA TODOS, y a la Educación Especial se le dedica el CAPÍTULO V DEL TÍTULO PRIMERO, DE LAS ENSEÑANZAS DE RÉGIMEN GENERAL, un apartado igual de escueto que en el sistema educativo del setenta, aunque esta vez ya se cuenta con la base de otras leyes y decretos como los que hemos mencionado.

De los dos artículos que desarrollan la Educación Especial en la LOGSE destacamos:

"*36.1. El sistema educativo dispondrá de los recursos necesarios para que los alumnos con necesidades educativas especiales, temporales o permanentes, puedan alcanzar dentro del mismo sistema los objetivos establecidos con carácter general para todos los alumnos.*".

"*36.3. La atención al alumnado con necesidades educativas especiales se regirá por los principios de normalización y de integración escolar.*"

"*37.3. La escolarización en unidades o centros de educación especial se llevará a cabo cuando las necesidades del alumno no puedan ser atendidas por un centro ordinario. Dicha situación será revisada periódicamente, de modo que pueda favorecer siempre que sea posible, el acceso de los alumnos a un régimen de mayor integración."*

El último de los documentos que hace referencia directa a los alumnos con algún tipo de necesidad educativa especial es el decreto 669/1995, un decreto que viene a concretar mucho más los aspectos ya establecidos en la LISMI (1982), el Real Decreto 334/1985, y la LOGSE (1990), y en el que basamos una buena parte del trabajo que aquí les presentamos, ya que la nuestra es una propuesta educativa y es un material didáctico para trabajar con alumnos con NEE relacionadas con déficits auditivos. Esta posibilidad de elaboración e investigación de nuevas metodologías y técnicas de enseñanza-aprendizaje queda reflejada en el artículo:

"5.4. El Ministerio de Educación y Ciencia facilitará y promoverá la realización de experiencias de innovación y de investigación educativa, así como la elaboración de materiales didácticos y curriculares, entre cuyos objetivos figure el de mejorar la calidad de la educación de los alumnos con necesidades educativas especiales."

Según se establece en el real decreto (y en leyes y decretos anteriores)

"6.2. Los profesores que atiendan a alumnos con necesidades educativas especiales realizarán, con el asesoramiento y apoyo de los equipos de orientación educativa y psicopedagógica o de los departamentos de orientación, según proceda, las adaptaciones curriculares pertinentes para ayudar a estos alumnos a progresar en el logro de los objetivos educativos."

y estas adaptaciones pueden realizarse en

"7.1. ...podrán llevarse a cabo adaptaciones en todos o algunos de los elementos del currículo, incluida la evaluación, de acuerdo con la naturaleza de las necesidades de los alumnos."

"7.2. En el caso de los alumnos con necesidades educativas especiales, podrán llevarse a cabo adaptaciones curriculares significativas que afecten a los elementos prescriptivos del currículo, previa evaluación psicopedagógica realizada por los equipos de orientación educativa y psicopedagógica o , en su caso, por los departamentos de orientación."

No debemos olvidar que la educación se ha convertido en una tarea de una multitud de personas (tutor, profesores especialistas, equipos de orientación y psicopedagogía, padres, y otros agentes sociales), y que todas ellas influyen en mayor o menor medida en el desarrollo integral del individuo a lo largo del período educativo, adquiriendo mayor importancia esa coordinación si hablamos de alumnos con cualquier tipo de necesidad educativa especial que le impida progresar a un ritmo normal.

> *"8.4. Los equipos de orientación educativa y psicopedagogía realizarán la evaluación psicopedagógica para una adecuada escolarización de los alumnos con necesidades educativas especiales, así como para el seguimiento y apoyo de su proceso educativo. Estos equipos, en atención a las funciones peculiares que además realicen, se clasificarán en equipos de atención temprana, equipos generales y equipos específicos."*

Para finalizar, no podemos dejar de mostrarles el artículo que fundamentará buena parte de este manual, y que dice así:

> *"8.6. La administración educativa favorecerá el reconocimiento y estudio de la lengua de signos y facilitará su utilización en los centros docentes que escolaricen alumnos con necesidades educativas especiales asociadas a una discapacidad auditiva en grado severo o profundo.*
>
> *Igualmente, promoverá la formación de los profesores de apoyo y tutores de estos alumnos en el empleo de sistemas orales y visuales de comunicación y en el dominio de la lengua de signos."*

El aprendizaje de la lengua de signos o de un vocabulario básico por el profesor puede convertirse en un elemento esencial para que un alumno sordo tenga la oportunidad de recibir su educación en un centro ordinario en vez de en uno de educación especial, cumpliéndose así el principio de integración y de igualdad por el que todos deben recibir una educación lo más normalizada posible.

Desde el campo de la Educación Física observamos y defendemos que las actividades que pueden realizar alumnos sordos, o con algún tipo de minusvalía relacionada con la audición, y alumnos normo-oyentes, no difieren en gran medida, y que sólo en determinadas ocasiones habría que realizar pequeñas adaptaciones en lo que se refiere a organización y estructura de la clase (mayor protección, establecer zonas de actividad, evitar actividades de gran grupo en desplazamientos no predefinidos...), algo que veremos en apartados posteriores.

DERECHOS DE LOS ALUMNOS CON N.E.E. - EVOLUCIÓN HISTÓRICA

1948	DECLARACIÓN UNIVERSAL DE LOS DERECHOS HUMANOS
1970	LEY GENERAL DE EDUCACIÓN
1978	CONSTITUCIÓN ESPAÑOLA

1982	LEY DE INTEGRACIÓN DEL MINUSVÁLIDO (LISMI)
1985	LEY REGULADORA DEL DERECHO A LA EDUCACIÓN (LODE)
1990	LEY DE ORDENACIÓN GENERAL DEL SISTEMA EDUCATIVO (LOGSE)
1995	REAL DECRETO DE ORDENACIÓN DE LA EDUCACIÓN DE LOS ALUMNOS CON NECESIDADES EDUCATIVAS ESPECIALES

3.2. NIVELES DE INTEGRACIÓN

Una problemática añadida para nosotros los docentes, y que solventamos no sin pasar apuros, es el concepto tan amplio de Necesidades Educativas Especiales, que engloba a todos aquellos alumnos con cualquier tipo y grado de dificultad en el aprendizaje, lo que convierte al proceso educativo en una continua investigación práctica con evaluación inicial, tratamiento de datos, experimentación, y evaluación final. Este proceso se repite una y otra vez a lo largo de la vida escolar de un alumno, independientemente de la magnitud de sus dificultades.

Kirk (1962) ya comenzó a definir a estos alumnos como *"grupo de niños que presentan trastornos en el desarrollo del lenguaje, habla, lectura y habilidades de comunicación necesarias para la interacción social[1] "*, una definición que no engloba todas las posibles necesidades pero muy avanzada para la época si tenemos en cuenta el desarrollo en la historia de la educación.

En 1983 Kirk y Gallagher amplían el abanico de características que pueden ser consideradas como dificultades o que pueden provocarlas, y dicen que: << *Un niño experimenta una dificultad para el aprendizaje cuando evidencia un impedimento neurológico o psicológico que le dificulta su actividad perceptiva, cognitiva, motora, social o la adquisición y adecuada utilización de la lectura, escritura, razonamiento o habilidades matemáticas[2]* >>.

Después de que las leyes y decretos hayan establecido el marco teórico sobre el que trabajar con alumnos con necesidades educativas especiales, llega el momento de poner en práctica todos esos principios. A continuación les mostramos algunas de las clasificaciones que se tienen en cuenta para abordar el trabajo con alumnos especiales.

La clasificación más generalizada es la que hace referencia a los niveles de concreción curricular, es decir, cómo se van desmembrando los objetivos generales que marca el Ministerio de Educación y Ciencia (MEC) hasta llegar a actividades específicas para desarrollarlos:

1. Diseño Curricular Base: elaborado por el MEC. En él se recogen, de forma muy general, los objetivos, contenidos y principios metodológicos y de evaluación que deben seguir los profesores de cada área y en cada etapa educativa. Cada

comunidad autónoma acoge este proyecto y lo adapta a sus características.

2. Proyecto curricular de Centro: se elabora entre todo el equipo docente de un centro, y en él se secuencian los objetivos y contenidos por ciclos educativos.

3. Programación Anual de Aula: lo elabora cada profesor especialista, y se corresponde con el trabajo que se va a realizar durante el curso escolar. Incluye objetivos específicos, contenidos, criterios de evaluación y metodología para ese curso.

4. Unidades Didácticas: la recopilación de todas las unidades didácticas conforman la programación anual de un profesor. En ellas se especifican las actividades que se van a realizar en cada sesión. En Educación Física la estructura básica viene determinada por CALENTAMIENTO – PARTE PRINCIPAL – VUELTA A LA CALMA.

Según el lugar de integración del alumno obtenemos:

1. Aula ordinaria a tiempo completo
2. Aula ordinaria a tiempo completo con apoyo de especialista
3. Aula ordinaria a tiempo completo y aula especial a tiempo parcial
4. Aula especial a tiempo completo y aula ordinaria a tiempo parcial
5. Aula especial a tiempo completo en centro ordinario
6. Aula especial en centro de educación especial con integración puntual
7. Aula especial en centro de educación especial

Si tenemos en cuenta las adaptaciones que se realizan en el currículum:

1. Adaptación curricular inespecífica o colectiva: cuando se adapta el currículum a todo el grupo de alumnos.

2. Adaptación curricular específica o individual (ACI): cuando se adapta el currículum a un solo alumno que posee unas características muy difíciles de equiparar al resto. Esto significa que el alumno sigue un programa diferente al de sus compañeros, pero se mantiene integrado en el grupo.

Refiriéndonos a la modificación de objetivos:

1. Adaptaciones significativas: cuando se producen cambios en los objetivos que deben alcanzarse en cada área, curso o etapa educativa.

2. Adaptaciones no significativas: afectan a aspectos más modelables como:

2.1. Adaptaciones en la Organización: tipo de agrupamiento de alumnos, organización del aula, organización de los materiales...

2.2. Adaptaciones Metodológicas: utilización de la metodología más adecuada (descubrimiento y resolución de tareas individualmente o en grupos, mando directo...)

2.3. Adaptaciones del Material: modificación del material en función de las actividades y las características de los alumnos. Con alumnos sordos, con restos auditivos o no, resulta mucho más efectivo utilizar señales visuales en vez de acústicas.

2.4. Adaptaciones de la Actividades: eliminando actividades, añadiendo algunas como refuerzo, modificando el nivel de abstracción de las mismas o su complejidad.

3.3. ¿EN QUÉ ACTIVIDADES PUEDEN PARTICIPAR LOS ALUMNOS SORDOS?

Después de desglosar todas las posibilidades teóricas en cuanto a leyes educativas que deben ser cumplidas, y a toda esa infinidad de modalidades de integración, no podemos encontrar ningún argumento en contra para que un alumno con un déficit sensorial, en este caso auditivo, no pueda participar de la educación física o recreativa, persiguiendo así su desarrollo integral de la manera más normalizada posible.

Desde la Educación Física Especial se trabaja la educación y el desarrollo personal a través del movimiento, con los mismos objetivos que la Educación Física normalizada, aunque las características de los alumnos a los que va dirigida hace variar y adaptar la metodología, las actividades o la organización. Algunas de las actividades más frecuentes son:

- Ejercicios de Educación Física de Base.

- Ejercicios terapéuticos.

- Ejercicios de Psicomotricidad.

- Juegos y Deportes Adaptados.

Al igual que en la Educación Física normalizada tenemos unos objetivos que se reflejan en los bloques de contenidos (salud, conocimiento corporal, juegos...), la Educación Física Especial trabaja en tres campos diferentes:

- Educación Física Adaptada: en la que se adaptan a cada tipo de minusvalías o deficiencias los objetivos de la educación física normalizada, y por tanto los juegos, los deportes o cualquier otro tipo de actividad recreativa.

- Educación Física Correctiva: destinada a la rehabilitación de las deficiencias.

- Educación Física Progresiva: con un objetivo claro de mejorar la condición física del sujeto y sus habilidades motrices.

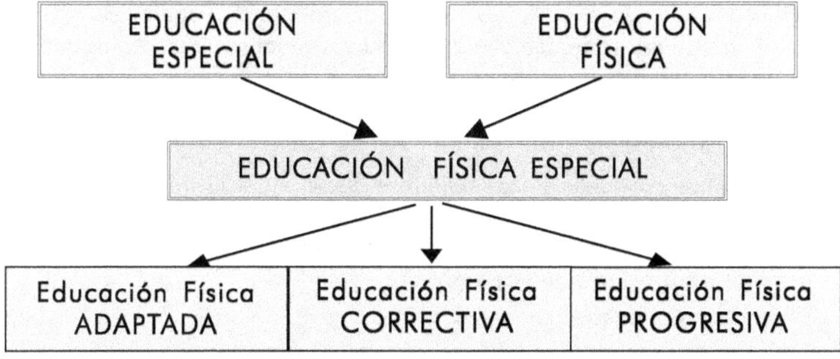

3.4. LA ACTUACIÓN DEL PROFESOR DURANTE LA CLASE

El aspecto principal que siempre debe tener bajo control un profesor – monitor durante una sesión con alumnos sordos es la organización de la clase. Si con los alumnos denominados "normales" este aspecto resulta esencial para alcanzar nuestros objetivos de forma eficaz, con los alumnos no oyentes resultará muchísimo más importante, ya que, a los tiempos de actividad y descanso, establecimiento de zonas de actividad, zonas de seguridad, seguridad del material y de la propia actividad, cumplimiento de las reglas, etc, habrá que añadir las propias características personales de cada uno y que dificultarán el factor organizativo notablemente.

Además, tenemos que resaltar que ningún alumno sordo es igual a otro, todos poseen grados diferentes de audición y comprensión de sistemas de comunicación. Una clasificación general de estos alumnos según el sistema de comunicación que utilizan es la que mostramos en el siguiente cuadro.

ESCUCHA	ORALISMO	COMPRENDE LENGUA DE SIGNOS
NO	SÍ	SÍ
NO	NO	SÍ
NO	SÍ	NO
SÍ / APARATO	SÍ	SÍ
SÍ / APARATO	NO	SÍ
SÍ / APARATO	SÍ	NO

Como se puede observar, las tipologías de los alumnos son muy variadas, y de esta clasificación se tendrían que desglosar otras características como los grados intermedios de minusvalía, y otros más impredecibles como el desarrollo educativo de cada sujeto en cuanto a lenguaje (adquisición de reglas sintácticas, nivel semántico, capacidad de construcción de frases...)

La utilización de un aparato que aumente la audición en alumnos que no la han perdido completamente tampoco es una solución definitiva a esta situación. En numerosas ocasiones el porcentaje de audición con estos aparatos sigue siendo insuficiente, y la reeducación del oído lleva un largo tiempo de trabajo. Por tanto, siempre que nos dirijamos a una persona sorda (en cualquiera de sus variantes), tendremos que mantener unas pautas de actuación que nos ayudarán a organizar nuestra clase, transmitiendo nuestros mensajes correctamente y con la seguridad de que van a ser recibidos y comprendidos. Estas pautas son:

1. Los alumnos con deficiencias auditivas deben situarse frente al profesor, a ser posible en las filas más adelantadas, de este modo no tendrán dificultades para leer los labios, evitarán ruidos de otros compañeros, y / o observarán los gestos pertenecientes a la lengua de signos.

2. El profesor – monitor mantendrá su cara siempre visible, sin colocar objetos en

ella que puedan dificultar el oralismo (bolígrafo, silbato...). También deberá evitar girar la cabeza hacia otras zonas en las que no se encuentren los alumnos sordos. Esta puede ser una de las causas por las que los alumnos pierdan el hilo de la explicación.

3. El profesor – monitor debe prestar atención especial a la vocalización de las palabras. Esto no quiere decir que se tengan que exagerar los gestos o hablar en un tono elevado.

4. Tal y como mencionábamos en el apartado 2.2 de este manual, los niños no oyentes suelen tener grandes dificultades en la comprensión de frases amplias o con estructuras gramaticales complicadas, además de poseer un vocabulario restringido respecto a su compañeros oyentes. Es por esto que el profesor – monitor debe emplear frases cortas pero significativas, evitando dar rodeos o utilizando palabras poco frecuentes (argot, préstamos léxicos, extranjerismos, tecnicismos, etc).

5. Para dirigirse a un alumno sordo nos acercaremos tranquilamente a él y le llamaremos la atención mediante un pequeño toque en el hombro o en el brazo, iniciando entonces la comunicación.

6. En los centros públicos y privados son cada vez más los alumnos con necesidades educativas especiales que disfrutan del principio de "normalización" / "integración". En lo que se refiere a los alumnos sordos, la mayoría de los que nos podemos encontrar en ellos tienen muy afianzado el oralismo o disponen de un grado suficiente de audición. Aún así resulta esencial que el profesor disponga de herramientas básicas como es el conocimiento del abecedario dactilológico o la numeración, de modo que pueda expresar mensajes cortos y aclarar dudas.

3.5. LA LENGUA DE SIGNOS APLICADA A LA EDUCACIÓN FÍSICA

3.5.1. HISTORIA DE LA L.S.E

Una vez que hemos visto la evolución de los sistemas educativos y de las leyes con las que se ha conseguido la integración, en el marco teórico, de los alumnos con necesidades educativas especiales, pasamos a resumir brevemente la historia del lenguaje de signos, ya que será la herramienta principal para trabajar con alumnos con déficits sensoriales auditivos.

Hasta el S. XV la Iglesia Católica, que era la única que proporcionaba educación antes y algunos siglos después de éste (hasta el S. XIX aproximadamente), mantuvo su posición de considerar como inútiles aquellos intentos de formar a los niños sordos, ya que, desde su postura, la palabra de Dios se enseñaba y transmitía a través del lenguaje y la escritura, aspectos de los que carecían las personas con esta incapacidad, y que por tanto se encontraban alejadas de Dios.

A pesar de este impedimento hubo numerosos intentos de personas por educar a los niños sordos. El primero de ellos fue Girolamo Cardano a mediados del S. XVI, un médico que mantenía la teoría de que entre personas sordas y oyentes podía existir comunicación a través de los signos.

Pedro Ponce de León siguió los pasos de Cardano y estableció un sistema en el que el alumno aprendía un signo que se correspondía con un dibujo o un objeto real, además les enseñaba cómo se escribía esa palabra. Sus principales logros fueron desarrollar en algunos alumnos la capacidad de escritura y la lectura comprensora.

En 1755 se funda en París (Francia) la primera escuela de sordos por L'Epée. Esta escuela va a poseer un papel primordial en la historia de la lengua de signos, puesto que sus alumnos y profesores se fueron desplazando por el resto de países europeos fundando otras escuelas y dando a conocer sus métodos de enseñanza-aprendizaje.

Así, en España aparecen dos corrientes bien diferenciadas. La primera se corresponde con la primera escuela de sordos abierta en nuestro país, concretamente en Madrid en 1795 con el padre escolapio Fernández Navarrete como maestro, que había aprendido el sistema de L'Epée a través de un discípulo de éste, el italiano Tommaso Silvestri.

En 1800 aparece la otra corriente en Barcelona, con el francés Juan Albert Martí como abanderado, siendo ésta la primera escuela pública, ya que dependía del Ayuntamiento de Barcelona al facilitarles sueldo, material e instalaciones a los profesores.

Ambas corrientes avanzaron a su ritmo, mientras que la de Madrid era más continua en lo que se refiere a la sustitución de profesores y metodología, la de Barcelona funcionaba y desaparecía a medida que había algún profesor que estuviese interesado en dar clases a los alumnos sordos, lo que repercutía en aplicar nuevos métodos y dar pasos atrás en el aprendizaje adquirido. Esto puede darnos una idea de cuál tuvo mejores resultados.

Por último, señalar el año de 1880 como fecha clave en la evolución histórica de la lengua de signos y de la enseñanza a alumnos sordos. Este año se celebró en Milán (Italia) el Congreso Internacional de Educadores de Sordos, y de él se redacta un decreto por el que se prohíbe el uso del lenguaje de signos o señas en la enseñanza, convirtiéndose en un duro revés para la creciente comunidad sorda.

En la actualidad, como ya hemos visto, la situación ha cambiado radicalmente con la leyes y decretos cada vez más democráticos, y podemos considerar éstos como unos días de gran avance en la educación de la persona sorda.

3.5.2. NIVELES LINGÜÍSTICOS

Para poder transmitir un mensaje en una lengua es necesario ordenarlo y secuenciarlo, de modo que otro hablante que conozca las reglas gramaticales y las palabras pueda recibirlo. Esta ordenación se realiza a tres niveles diferenciados:

√ Nivel Morfosintáctico: hace referencia a la morfología de la frase que se quiere transmitir, el orden de las palabras según se trate de interrogaciones, admiraciones, afirmaciones, condicionales, etc.

√ Nivel Léxico – Semántico: este nivel incide en las características de las propias palabras (préstamos lingüísticos, invenciones, arcaísmos, etc)

√ Nivel Fonético: la unión de varios fonemas o sonidos dan lugar a las palabras que se transmiten finalmente a través del órgano fonológico.

En la Lengua de Signos, como observamos en este cuadro comparativo, existen los tres niveles que intervienen en la comunicación, desarrollándose el nivel fonológico ausente en los sordos en el nivel querológico, es decir, en los queremas o signos.

LENGUA ORAL	LENGUA DE SIGNOS
Nivel Fonológico - Fonético	Nivel Querológico
Nivel Léxico - Semántico	Nivel Léxico - Semántico
Nivel Morfosintáctico	Nivel Morfosintáctico

Conozcamos mejor estos tres niveles en el lenguaje de signos para poder expresar los mensajes correctamente.

3.5.2.1.   Nivel léxico

Al igual que en la lengua oral los signos pueden tener numerosos orígenes:

√ Préstamos lingüísticos: de otras lenguas de signos y de las comunidades oyentes (ok, regular...)

√ Invención: cuando no existe un signo con el que referirse a una realidad se inventa uno nuevo, y es la utilización masiva de éste la que lo lleva a consolidarse en la comunidad.

√ Transformación: con el paso del tiempo se producen modificaciones de parte o del gesto completo, normalmente para hacer más factible su comprensión y visión, o bien para facilitar la ejecución del mismo. En este sentido se pueden encontrar ejemplos en los que dos signos se han unido en uno sólo para referirse al mismo concepto.

La lengua de signos es tan complicada como cualquier otra lengua oral, y, aunque algunos gestos se parezcan a la acción u objeto real al que se refieren, la mayor parte de ellos no poseen significado por sí mismos, y por tanto una persona oyente que no conoce este lenguaje no podría seguir ni entender una conversación completa. Cualquier concepción de la lengua de signos como mímica queda entonces rebatida.

3.5.2.2.   Nivel querológico

Para la ejecución correcta de un signo deben interactuar dos grandes fuentes de información, las manos y el rostro.

El lenguaje de signos es un sistema que está en continuo avance, no sólo en cuestión de reglas para su utilización, sino también en la ampliación de su vocabulario, aspecto éste importante para poder conocer con mayor exactitud y representar en gestos la amplia realidad que rodea a los sujetos. A pesar de lo que pueda parecer, las manos y la cara pueden ofrecer una infinidad de combinaciones para inventar nuevos gestos, y cada uno de ellos aporta claves y técnicas diferenciados. Así, podemos hablar de:

- Componentes manuales: referidos a la actuación de las manos durante la ejecución de un gesto. Hay que tener en cuenta:

  o Lugar de articulación de un signo: por norma general se utiliza el espacio comprendido entre la cintura y la parte alta de la cabeza, sobre un ángulo no superior a 180° desde uno de los lados. Esto permite mantener el campo de visión en una misma zona, evitando pérdida de información, así como una mayor facilidad de ejecución al no tener que realizar giros o cambios bruscos.

  o Posición de las manos: las manos permiten movimientos en todos los ejes (x, y, z) y planos, así como flexo – extensión, rotación y abducción – aducción en la muñeca, y flexo – extensión y abducción – aducción en los dedos, por tanto son numerosas las posiciones estáticas que pueden obtenerse.

  o Movimiento que realizan las manos: el movimiento general de las manos por el espacio anteriormente ilustrado se puede iniciar a tres niveles: en la muñeca, en el codo, y en el hombro.

- Componentes no manuales: esta segunda fuente de información es indispensable para conseguir expresar correctamente nuestros mensajes. Podría tener una correspondencia con el tono de la frase en el lenguaje oral. Los componentes no manuales son:

  o Ojos.

  o Cejas.

  o Boca.

  o Movimientos de la cabeza.

Como tendremos tiempo de ver el vocabulario específico del apartado 3.5.3, un gesto puede ir acompañado de una expresión con la boca igual a la que se utilizaría en el lenguaje oral, es decir, diríamos la palabra acompañada del gesto. Pero en determinadas ocasiones la ejecución de un signo debe ir acompañada de una expresión diferente que no tiene ningún significado, salvo el que se le da en la lengua de signos.

3.5.2.3. Nivel morfosintáctico

Consideramos que la formación de las frases es el aspecto al que debemos prestar una especial atención, ya que es un concepto necesario para transmitir mensajes a nuestros alumnos.

La lengua de signos no tiene ninguna similitud con la lengua oral de los normo – oyentes en lo que respecta a la colocación de cada elemento para expresar una oración de forma correcta, es decir, para que otra persona conocedora de las reglas gramaticales puedan entendernos.

Podemos establecer una fórmula para cada tipo de oración, siendo la más general la de situar primero los objetos que intervienen en la oración y después ejecutar el signo referente al verbo. Así:

Ej: Encestar un globo.

GLOBO ENCESTAR

Ej: Colocar la pelota dentro del aro.

PELOTA ARO PELOTA DENTRO

Lo que indica qué persona realiza la acción es la dirección hacia la que se ejecuta el gesto. Si las personas están presentes en el espacio (yo, tú, él...) el gesto se iniciará en el que realiza la acción y terminará dirigiéndose hacia el que la "sufre". Así obtendríamos:

Ej: Yo te lanzo la pelota.

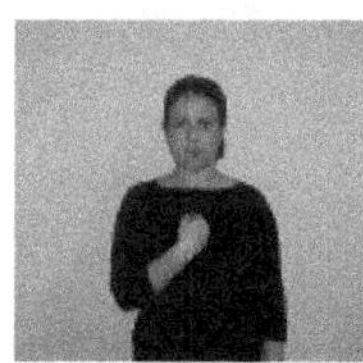 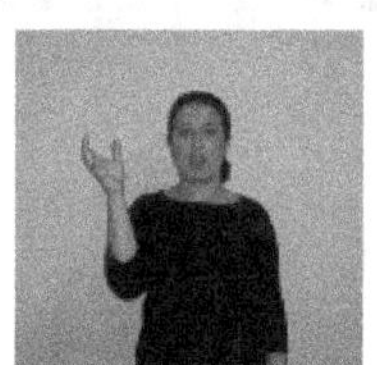 

Ej: *Tú me lanzas la pelota.*

Ej: Él me lanza la pelota.

Ej: Él te lanza la pelota.

En el caso en que la persona / objeto o grupo de personas / objetos no esté presente, habrá que realizar un signo para referirnos a ellos a un lado de nuestro cuerpo, de modo que cada vez que volvamos a mencionarlos o vayamos a indicar que participan de una acción o la realizan, ejecutaremos el gesto desde o hacia el lado en el que lo situamos con anterioridad (dependiendo de si son el sujeto u objeto de la oración).

Por ejemplo, si quisiésemos explicar una carrera de relevos signaríamos como sigue:

Una persona...   corre...   otra persona quieta...   la primera...

entrega el relevo...   a la segunda...   ...y ésta corre

Para expresar oraciones interrogativas seguiremos el esquema:

Ej: ¿Dónde está la pelota?

PELOTA   ¿DÓNDE?

La partícula interrogativa siempre se coloca detrás del verbo, al igual que la negativa:

Ej: Ese lanzamiento no ha sido gol.

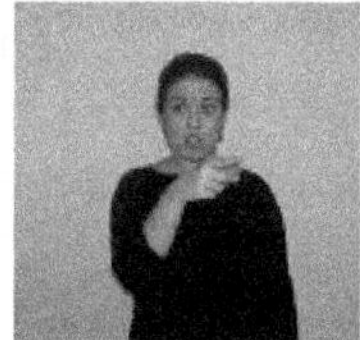

ESE   LANZAMIENTO   GOL   NO

Cuando la oración contiene algún aspecto temporal, el gesto que lo indica se coloca al principio:

Ej: Ahora otro juego.

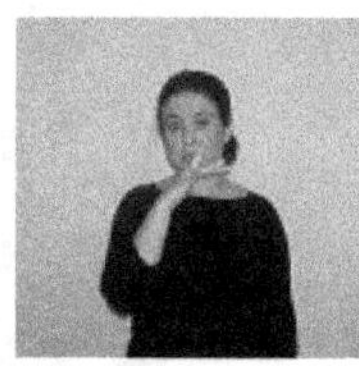

AHORA   JUEGO   OTRO

Ej: Ahora un juego diferente.

AHORA + JUEGO +

DIFERENTE

Las expresiones faciales adquieren un gran valor informativo en todas las oraciones reforzándolas, debiéndose acompañar los gestos de ellas para que tengan un significado completo.

Así, según el tipo de oración, las expresiones más comunes son:

| ALEGRÍA | TRISTEZA | DUDA | ENFADO |

En la Educación Física el profesor suele dar dos tipos de informaciones a sus alumnos: una primera general para todo el grupo, con la que se pretende dar las nociones básicas de los ejercicios, normas de actuación y ejecución, etc; y una segunda individual o dirigida a grupos muy reducidos con una finalidad evaluativa tras haber ejecutado el ejercicio, también llamada Feed Back. En la primera de estas situaciones el mismo profesor o uno de los alumnos puede servir como modelo (por ejemplo para realizar un circuito) acompañándose la explicación de algunos gestos. En la segunda posibilidad resultaría bastante difícil comunicarse con un alumno si tenemos que realizar las acciones en el sitio, y por ello se utilizan los denominados "clasificadores".

Los clasificadores son una simplificación de acciones y posiciones que conciernen a las piernas o al cuerpo en general, ya sea en relación al suelo o a otros objetos. La mano izquierda actúa representando a estos últimos y la mano derecha establece la posición / acción de las piernas. Veamos algunos ejemplos:

| DE PIE | ENCIMA DE LA SILLA | A "PATA COJA" |

3.5.3. VOCABULARIO ESPECÍFICO DE EDUCACIÓN FÍSICA.

Esta relación de contenidos se ha elaborado escogiendo los más habituales de las sesiones de Educación Física, y por supuesto habrá muchos que no se han incluido y que después serán necesarios en nuestra actividad docente. Como ya hemos dicho, la lengua de signos está en continua evolución y ampliación, por lo que hay objetos que aún no tienen un signo específico. En esta ocasión se opta por la invención de un signo, mostrando al alumno el objeto real y el signo que utilizaremos para referirnos a él.

Otra opción parecida a la anterior es señalar el objeto o mostrar una acción y deletrearla con el vocabulario dactilológico (Anexo A)

Ej: Cono.

Ej: Espaldera.

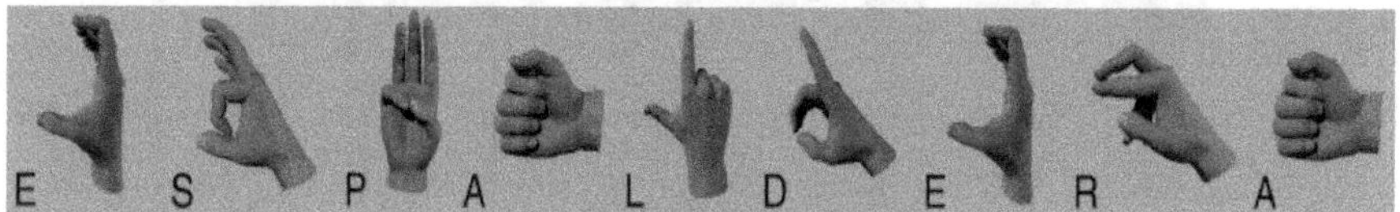

El vocabulario que les ofrecemos a continuación muestra cada concepto con su signo y deletreado, así como algunas explicaciones prácticas.

3.5.3.1. Verbos

- ACORDARSE

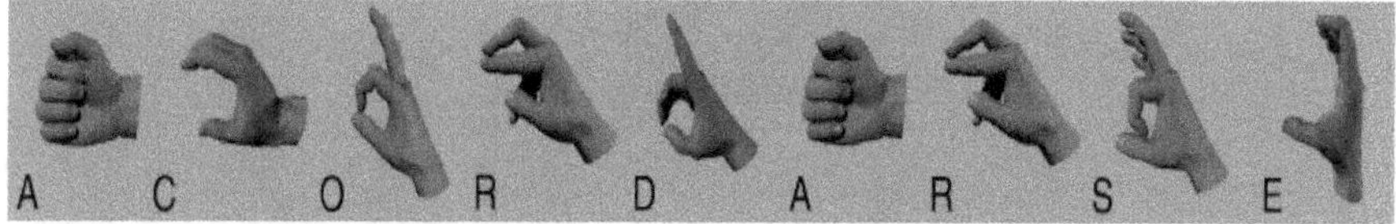

Con el dedo índice extendido sobre la frente, llevar la mano hacia delante flexionando el dedo.

- AGACHARSE

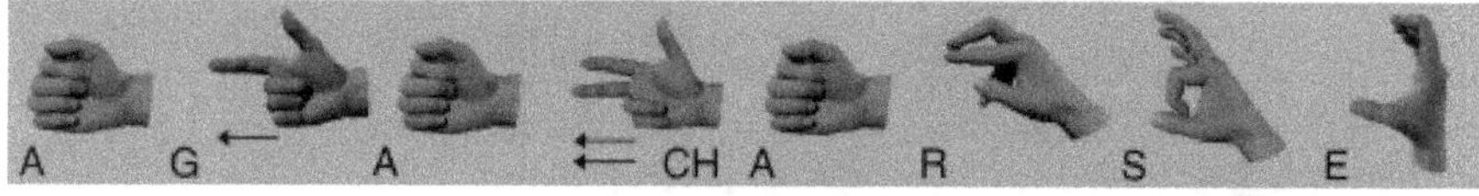

Con clasificador. Flexionar los dedos índice y corazón sobre la mano izquierda.

- ANDAR

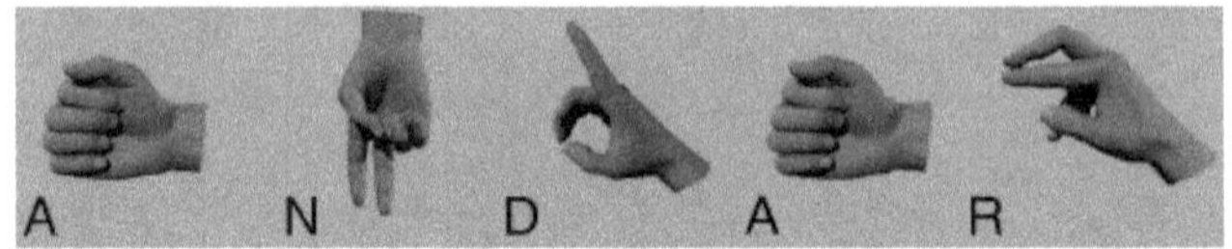

Con clasificador. Mover los dedos índice y corazón adelante y atrás alternativamente sobre la mano izquierda.

- ANUDAR

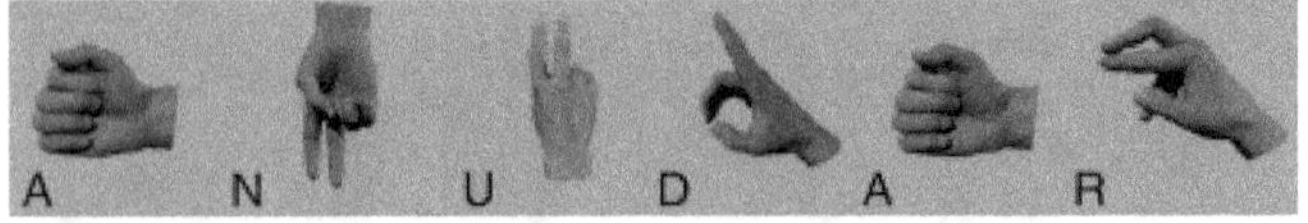

Colocar ambas manos cerradas. Girarlas en ambos sentidos escenificando hacer un nudo.

- ATRAPAR / AGARRAR

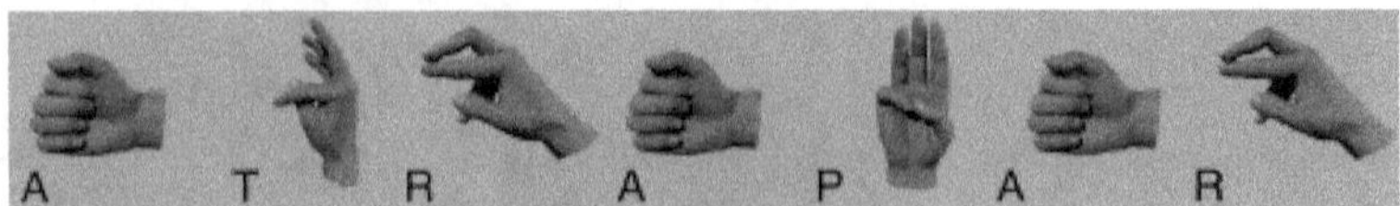

Con ambas manos al frente mirando hacia abajo y con los dedos semiflexionados, realizar un movimiento hacia el cuerpo cerrando las manos al final.

- AYUDAR

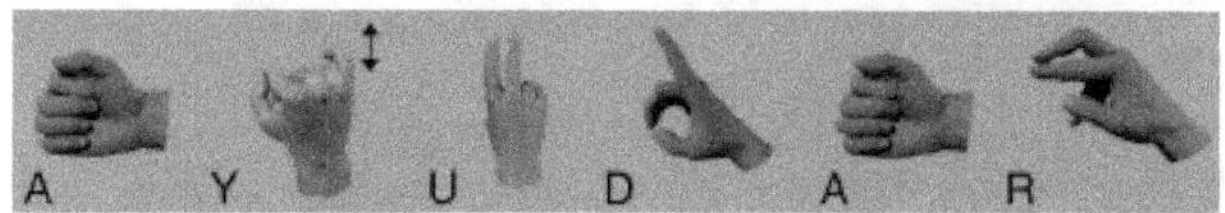

Con las manos colocadas como si sostuviésemos una bandeja a la altura del estómago. Desde esta posición llevarlas arriba a la altura del pecho.

- BAILAR

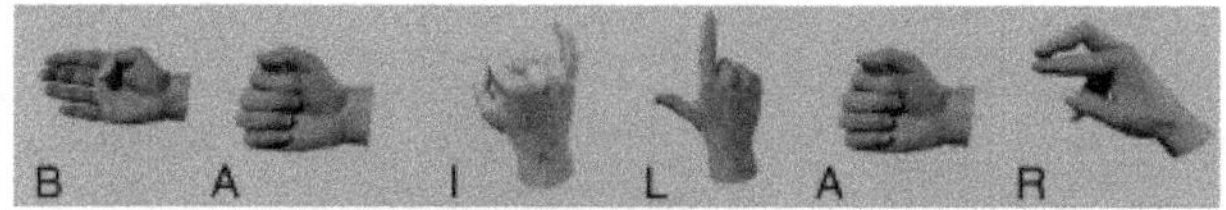

Escenificar el tipo de baile al que nos referimos (sevillanas, baile moderno...)

- BAJAR (ESCALERAS)

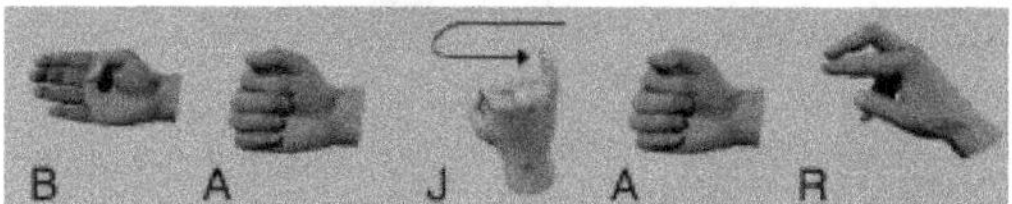

35

Con clasificador. Mover los dedos índice y corazón adelante y atrás de forma alternativa mientras llevamos la mano desde el hombro derecho hacia la cadera izquierda.

- BEBER

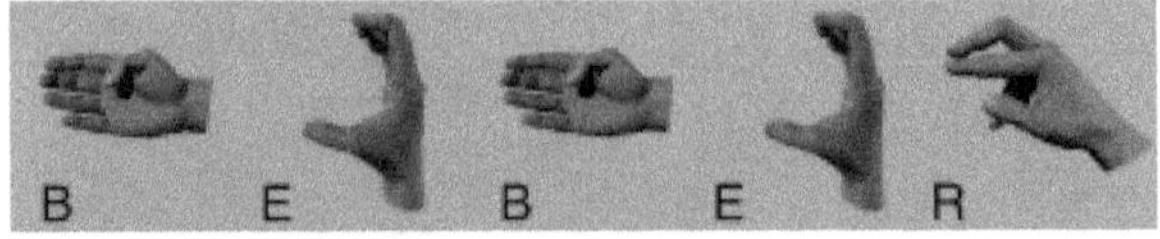

Con la palma de la mano abierta transversal a la cara, dirigirla delante y atrás casi tocándonos con el pulgar en los labios.

- BOTAR

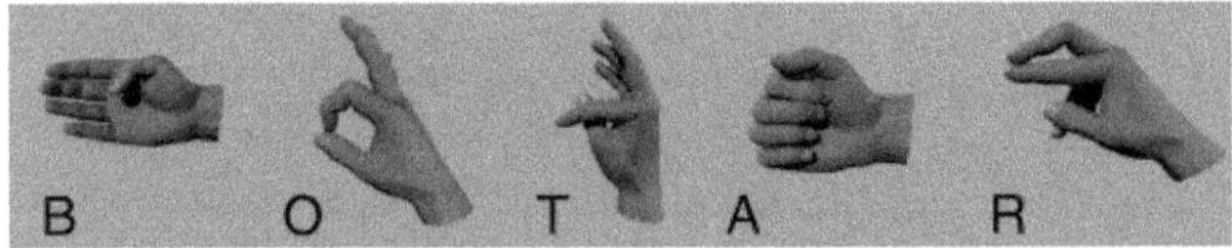

Con clasificador. Subir y bajar la mano con los dedos índice y corazón en forma de "V".

- BUSCAR

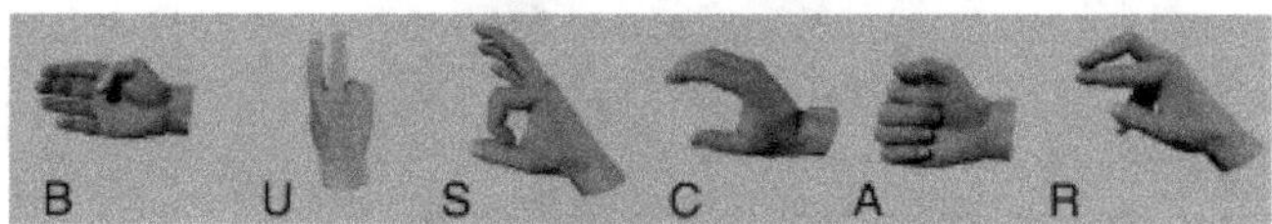

Colocar el dedo índice en el pómulo derecho y arrastarlo hacia abajo.

- CHOCAR

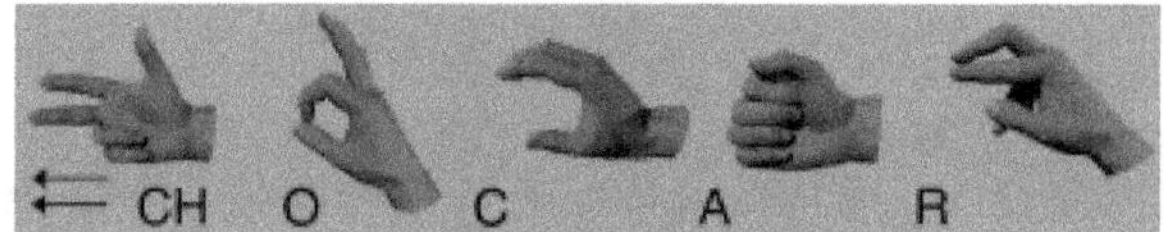

Tras situar en el espacio dos objetos o personas, unirlos en el centro. El gesto se acompaña de una expresión de la cara similar a la que pondríamos si dijésemos "puff".

  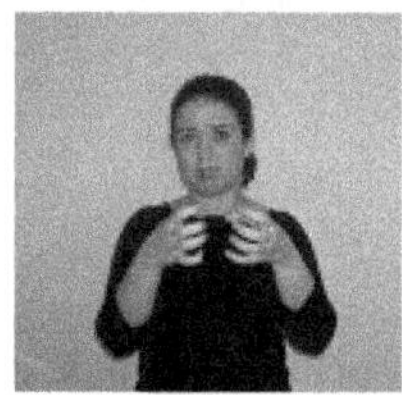

- CORRER

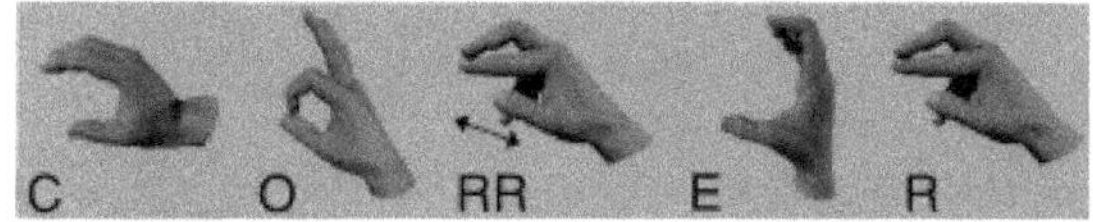

Tras colocar los brazos semiflexionados
y con los puños cerrados, moverlos adelante y atrás.

- DAR

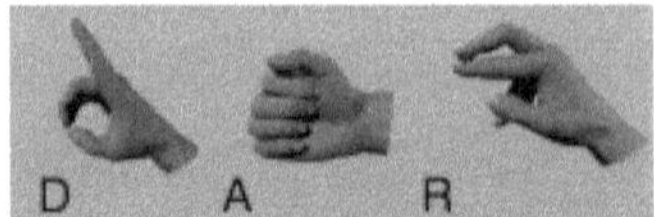

Este signo varía dependiendo del objeto que se da. Así, si vamos a dar un relevo adelantaremos la mano cerrada, si fuese una pelota adelantaríamos las dos... y si se tratase de dar la mano a una persona adelantaríamos la mano como cuando le vamos a saludar a alguien.

- DEFENDER

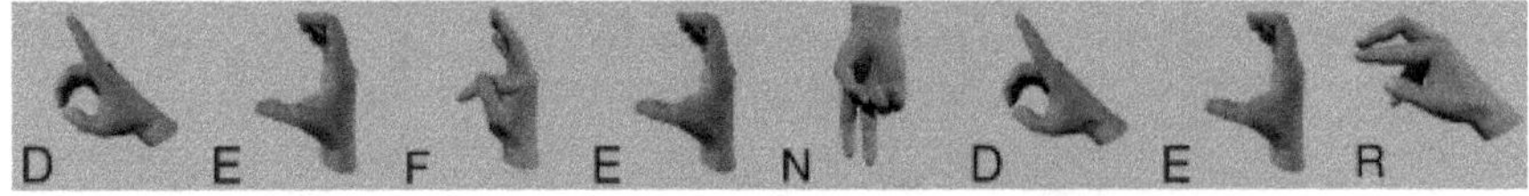

Con los puños cerrados mirando al frente, girarlos haciendo círculos, como un boxeador.

- DEJAR

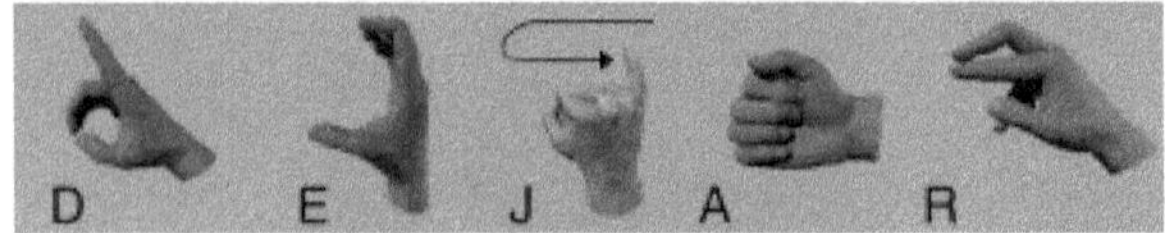

Se realiza el gesto contrario al de atrapar, es decir, comenzamos con los puños cerrados cerca de nuestro cuerpo y adelantamos las manos al frente abriéndolas al final.

Otra posibilidad de signar el término DEJAR es señalando la posición inicial de un objeto e indicar dónde debe dejarse. Así, si queremos decir "Dejar la pelota dentro del aro", signaríamos como sigue:

Situamos a un lado la PELOTA...

y al otro el ARO

señalamos de nuevo la PELOTA...

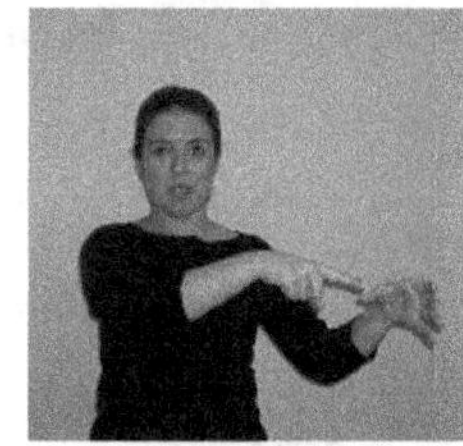

e indicamos dónde debe dejarse, dentro del ARO.

- DESLIZARSE

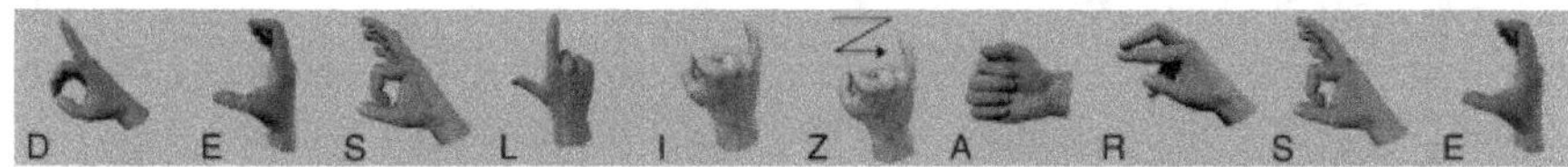

Con clasificador. Tras colocar el objeto por el que hay que deslizarse con la mano izquierda, pasar la mano derecha con los dedos índice y corazón unidos por arriba o abajo de la otra mano, según el tipo de ejercicio.

- DIRIGIRSE (HACIA)

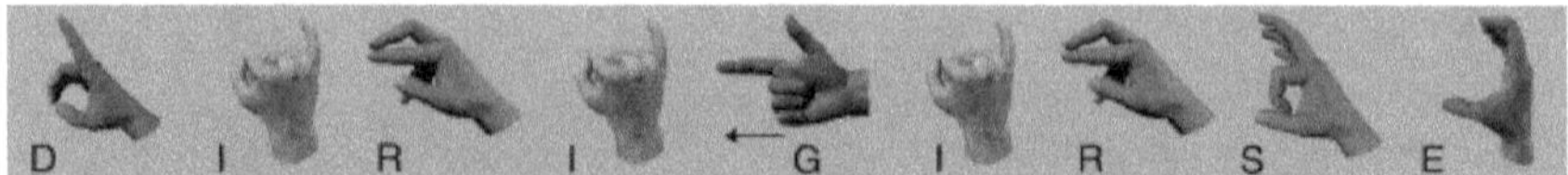

Para indicar hacia dónde debe dirigirse un objeto o una persona podemos utilizar dos fórmulas. La primera formada por la preposición HACIA acompañada de un gesto que señale la dirección;

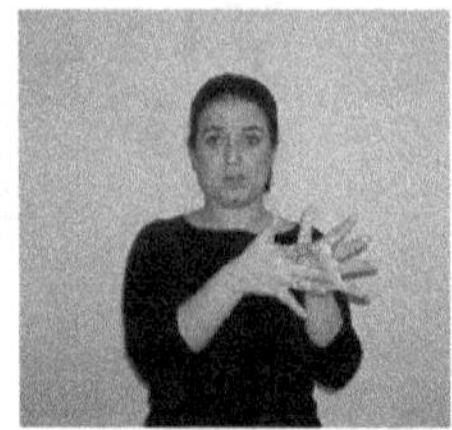
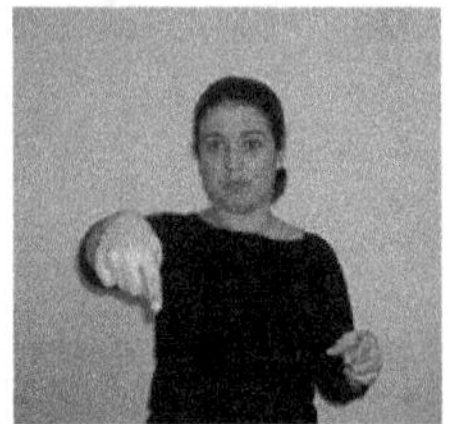

La segunda fórmula consiste en señalar la posición inicial y final del objeto o la persona.

- ENCESTAR

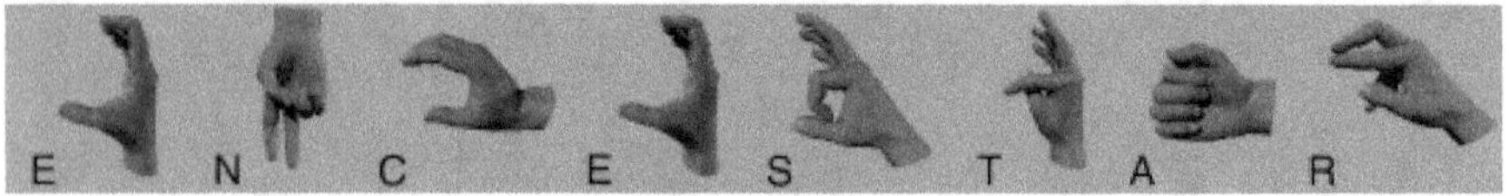

Con la mano izquierda con los dedos formando un círculo (Aro), meter todos los dedos de la mano derecha unidos en ella.

- ENCONTRAR

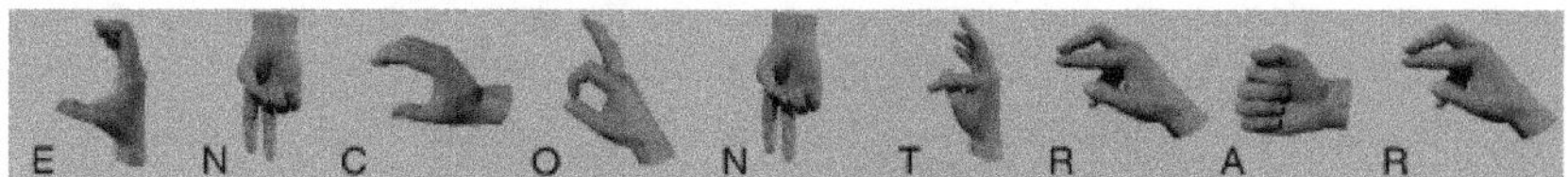

Con el dedo índice de la mano izquierda extendido y mirando hacia arriba, atraparlo con todos los dedos de la mano derecha.

- ESQUIVAR

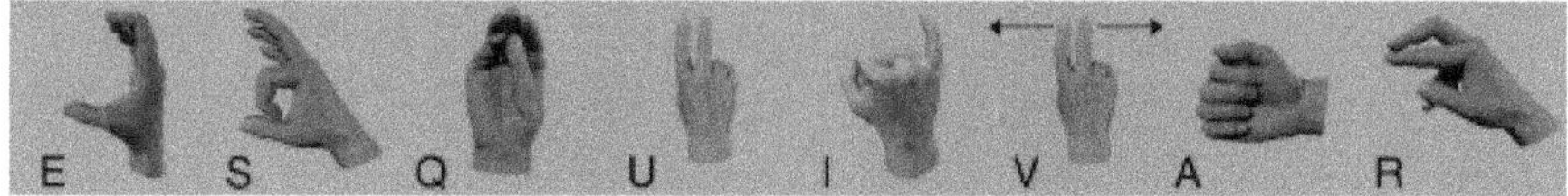

Con la palma de la mano abierta y todos los dedos unidos, realizar ondulaciones hacia delante.

- ESTIRAR

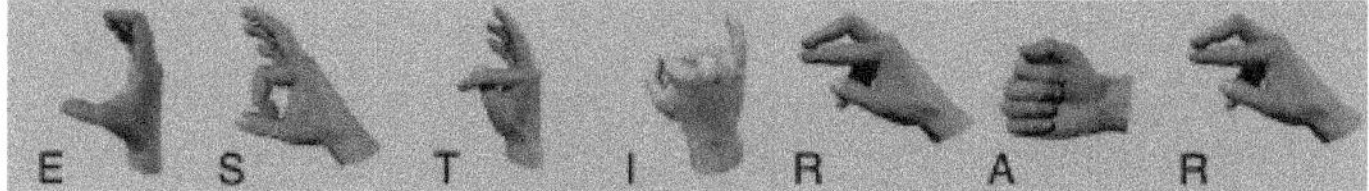

Como si agarrásemos un elástico en el centro y lo alargásemos hacia los lados.

- EXTENDER

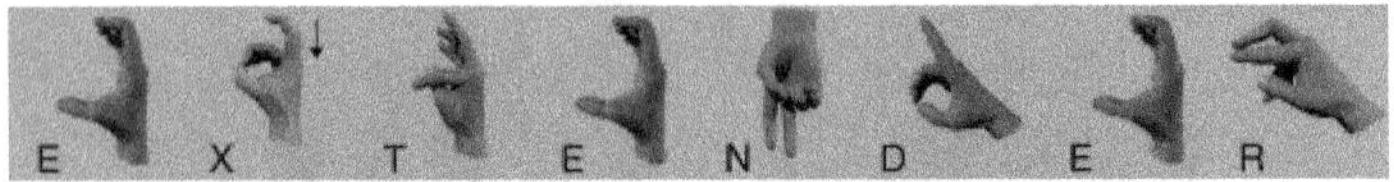

Hacer como si abriésemos un mantel y lo echásemos encima de la mesa.

- GANAR

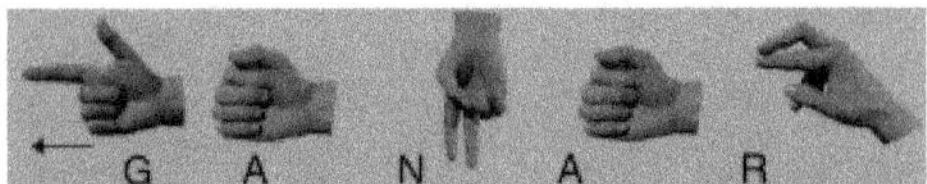

Con las manos abiertas y los dedos semiflexionados con fuerza, hacer un movimiento corto dirigiendo las palmas hacia nosotros.

- GATEAR

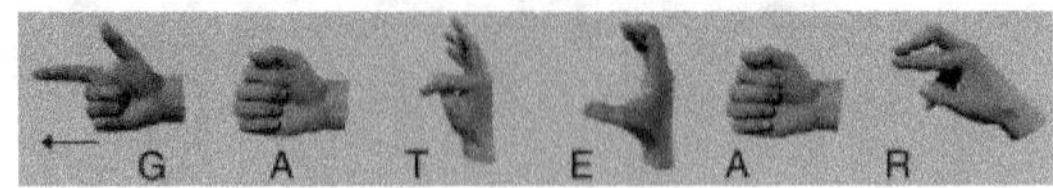

Con clasificador. Con los dedos índice, anular, corazón y pulgar flexionados sobre la mano izquierda, moverlos adelante y atrás.

- GIRAR (ALREDEDOR)

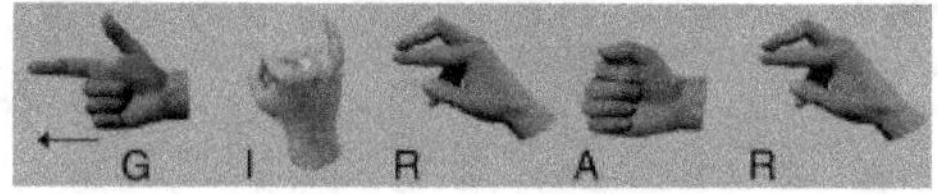

Tras colocar un objeto o una persona con la mano izquierda, señalar con el dedo índice de la mano derecha un recorrido por el exterior.

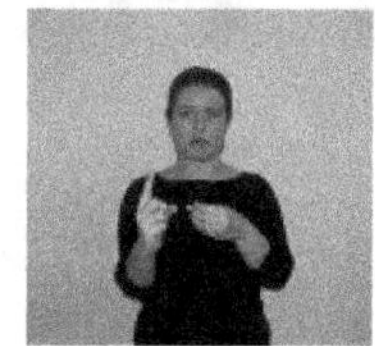

- GOLPEAR

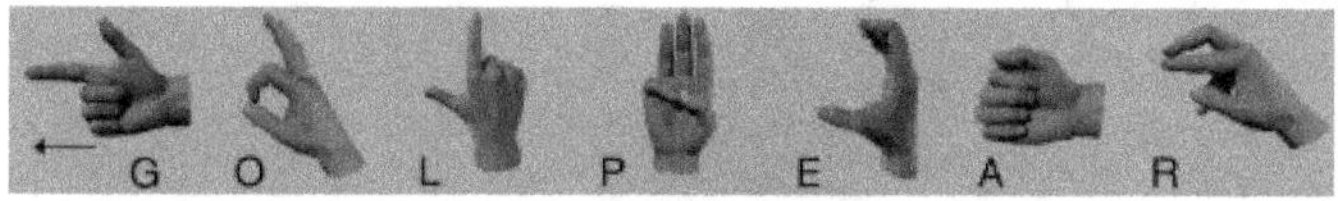

Con la palma de la mano abierta y con los dedos unidos, hacer un pequeño giro de muñeca como si diésemos un golpe seco.

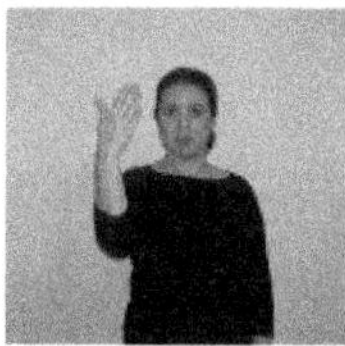

- HACER DIANA

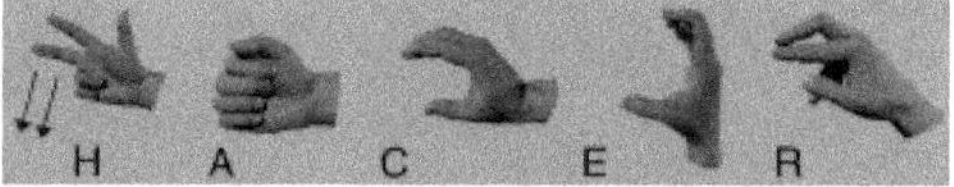

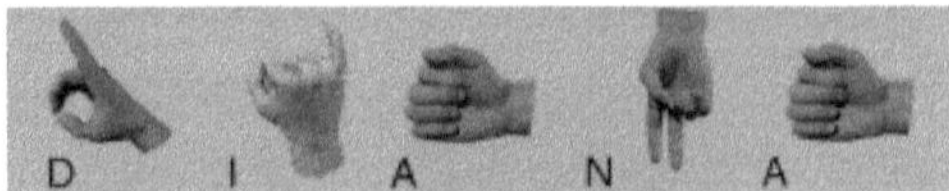

Con los dedos índice y pulgar unidos, como si atrapasen un dardo, realizan un movimiento hacia delante y se sueltan al final.

- HACER RODAR

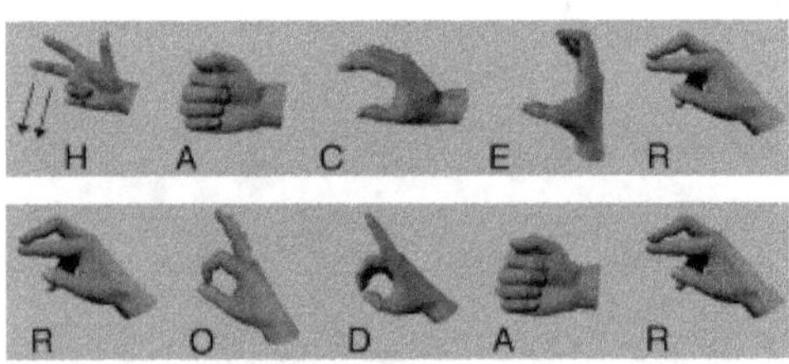

Movimiento con la palma de la mano abierta de atrás hacia delante a la altura de la cadera (como si lanzásemos un bolo).

- IMITAR

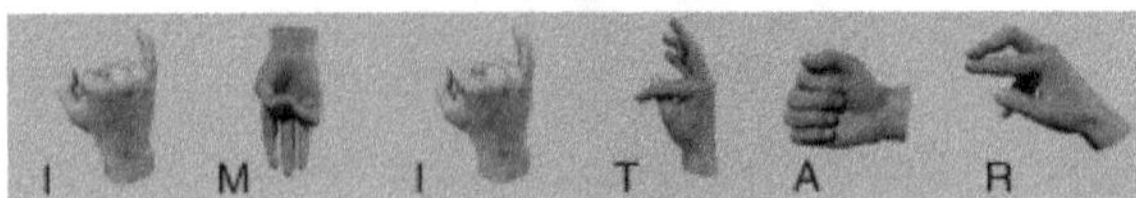

Con los puños cerrados y los pulgares extendidos, el derecho hacia nosotros y elizquierdo al frente. Desde esta posición invertir las manos.

- LANZAR

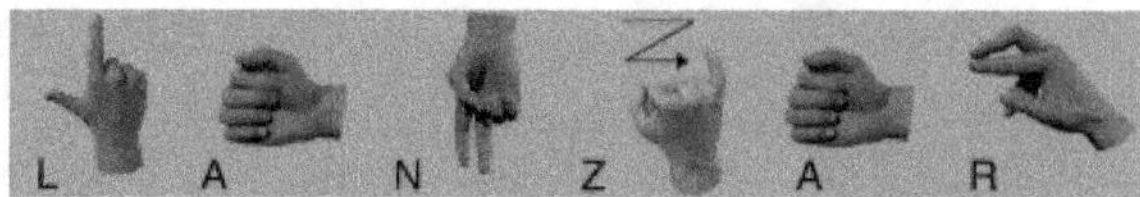

Lanzamiento de la mano hacia el frente. Generalmente se realiza desde el hombro, pero depende del tipo de lanzamiento que queramos que realicen los alumnos (a media altura, bombeado...)

- LUCHAR

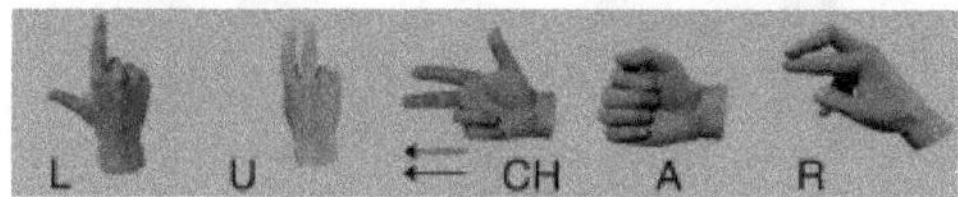

Con los dedos semiflexionados y entrecruzados con los de la otra mano a la altura de la primera falange, realizar un movimiento corto de adelante hacia atrás.

- MARCAR (GOL)

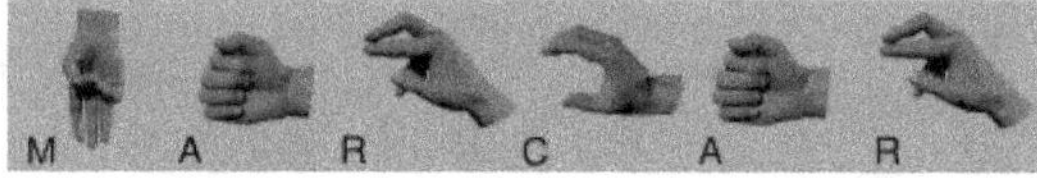

Con todos los dedos extendidos de la mano derecha, unir la zona de la uña del corazón y con la yema del pulgar para después soltarlos.

45

- METERSE (DENTRO)

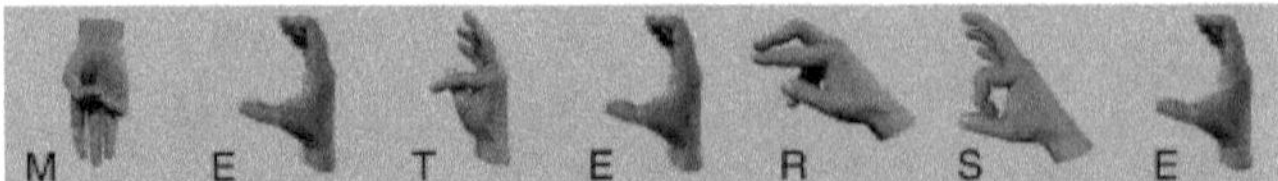

Tras signar un objeto con la mano izquierda, meter la mano derecha con los dedos unidos dentro de él o señalar dentro con el índice

- PARAR

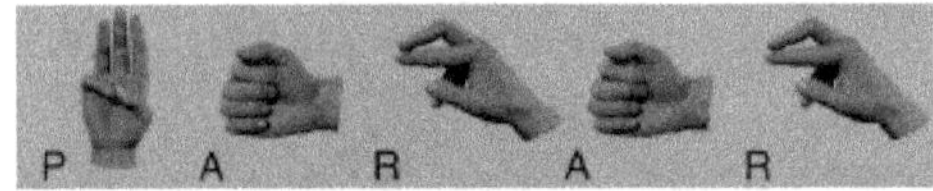

Con las manos abiertas al frente mirando hacia abajo, hacer pequeños movimientos hacia abajo.

- PEDALEAR / BICICLETA

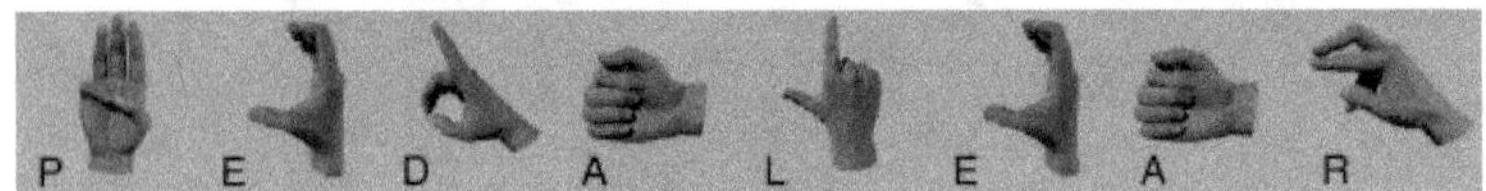

Con los dedos pulgares y meñiques extendidos, realizar círculos.

- PEDIR

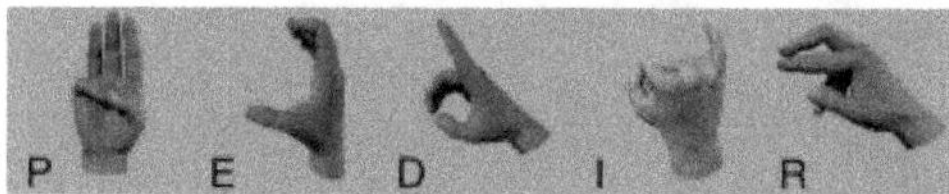

Con la mano derecha extendida a la altura de la boca, llevarla delante con la palma mirando hacia arriba.

- PRACTICAR

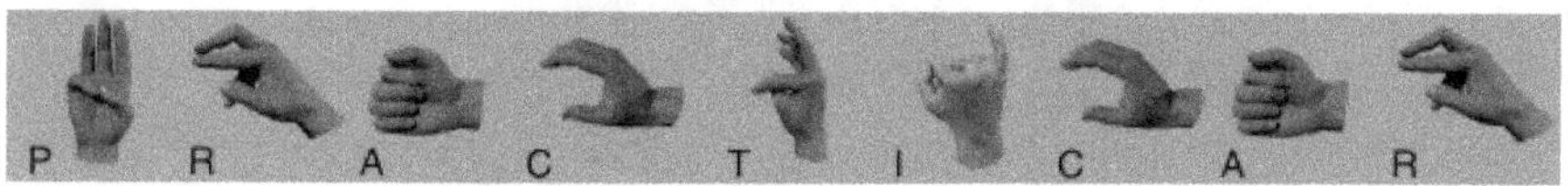

Realizar giros con los puños cerrados a la altura de los hombros con ambas manos.

- REPETIR

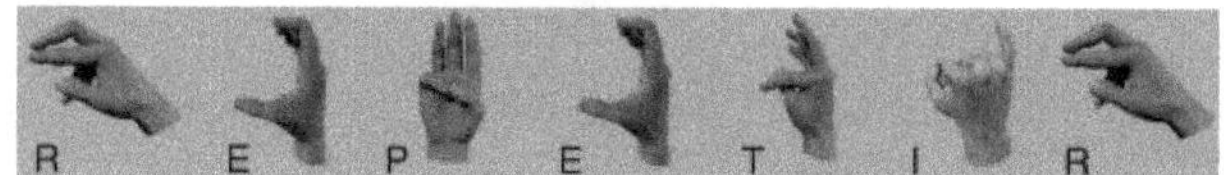

Con el dedo corazón sobre el índice, realizar giros.

- SALIR

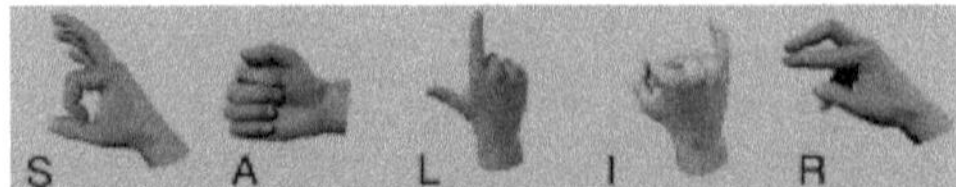

Tras haber establecido un perímetro, señalar dentro y después fuera del mismo.

- SALTAR

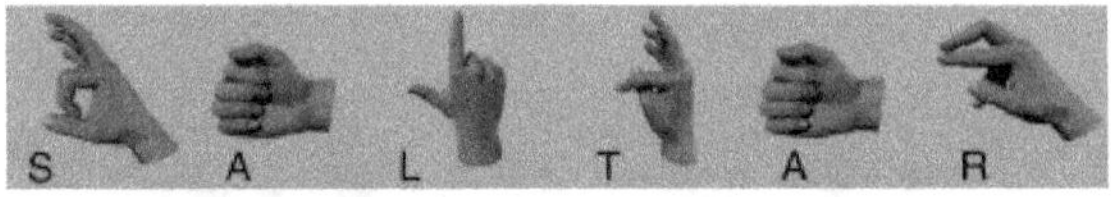

Con clasificador. Mover los dedos índice y corazón unidos arriba y abajo sobre la mano izquierda.

- SENTARSE

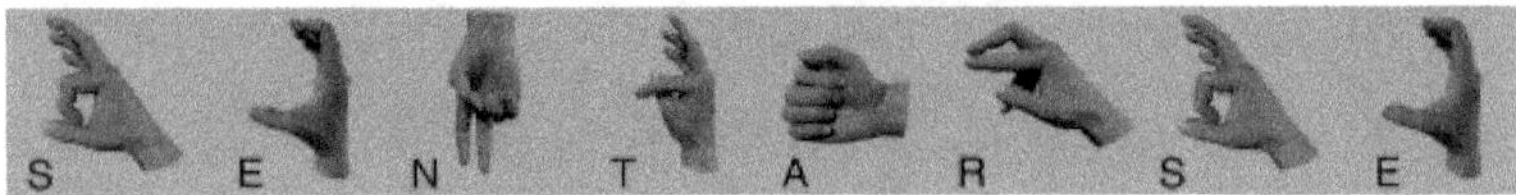

Con los dedos índice y corazón en forma de "V" y con el pulgar extendido (ambas manos), realizar un movimiento hacia arriba volviendo a la posición original. El movimiento se acompaña con un movimiento hacia arriba de los hombros.

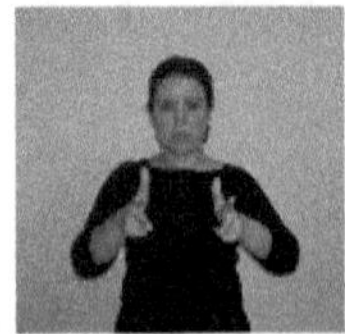

- SENTIR

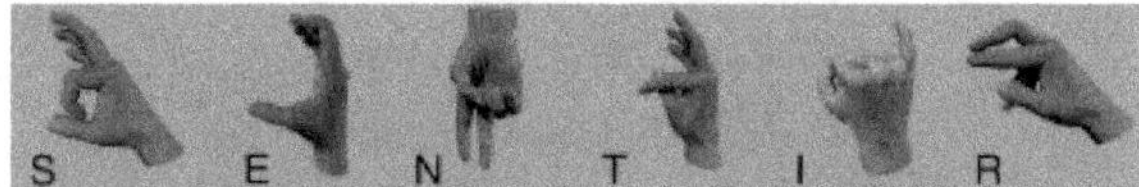

Movimientos cortos del dedo índice extendido hacia abajo sobre el esternón.

- SUBIR (ESCALERAS)

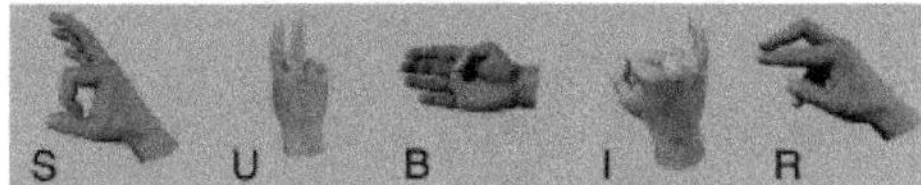

Movimiento contrario al de bajar escaleras, comenzando en la cadera derecha y terminando en el hombro izquierdo.

 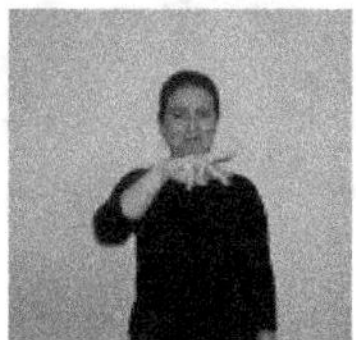

Si nos referimos a que hay que subirse a un objeto, signaremos el mismo con la mano izquierda y colocaremos los dedos de la mano derecha en clasificador encima.

- TOCAR

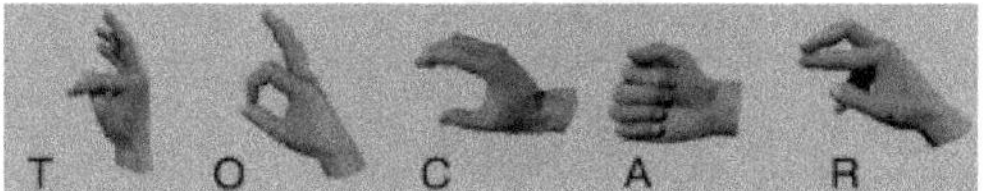

Con todos los dedos extendidos, tocar repetidas veces el corazón con el pulgar (Ej: tocar brazo)

- PROHIBIDO TOCAR

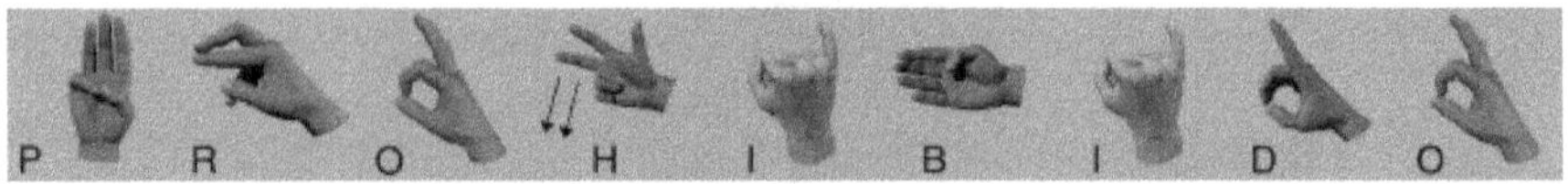

Con los dedos índices extendidos y los brazos cruzados en el centro. Desde esta posición vuelven a su lado original y se ejecuta el signo de TOCAR.

- TUMBARSE

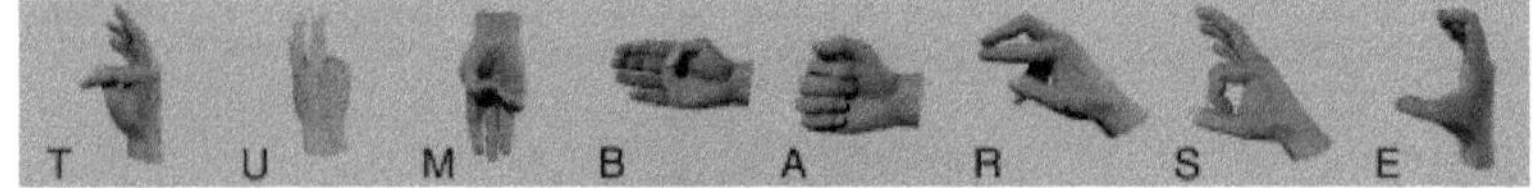

Con clasificador. Colocar los dedos índice y corazón extendidos y unidos a lo largo de la mano izquierda. Si queremos signar que los alumnos se deben colocar boca arriba, entonces las yemas de los dedos mirarán hacia arriba.

50

Si el ejercicio requiere colocarse boca abajo, signaremos con las yemas mirando hacia abajo.

3.5.3.2. Números

- **De 0 a 5:** se levantan tantos dedos de la mano derecha como cantidad queramos indicar, representándose el 0 uniendo los dedos índice y pulgar, formando un círculo mientras se levanta el resto de dedos.

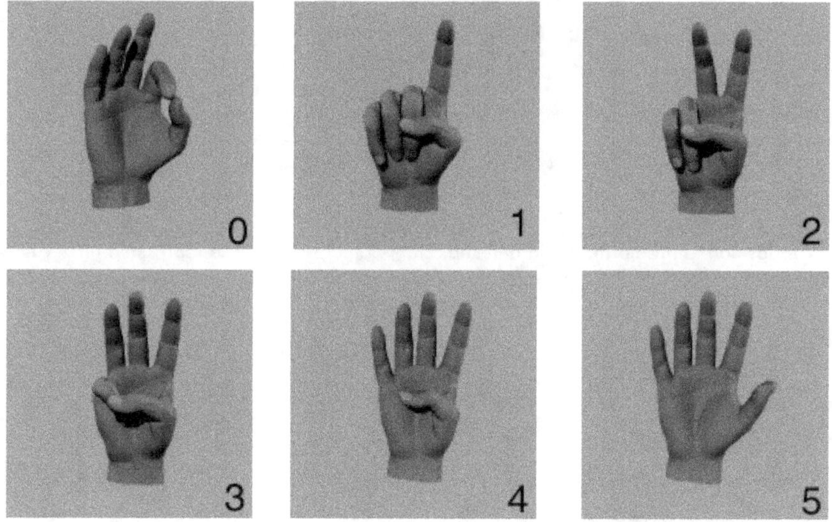

- **De 6 a 9:** para estos números empleamos ambas manos, manteniendo siempre la izquierda con un cinco y levantando en la derecha tantos dedos como superen a éste.

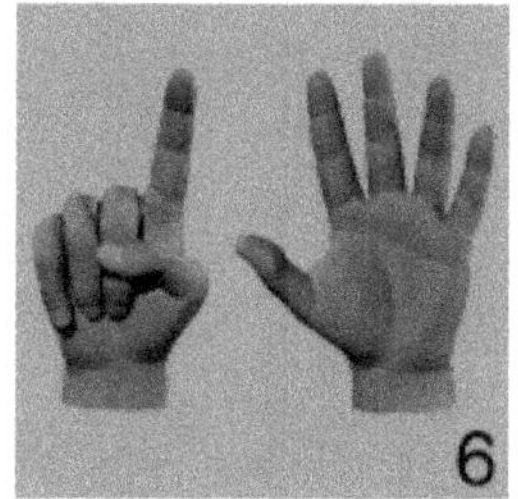

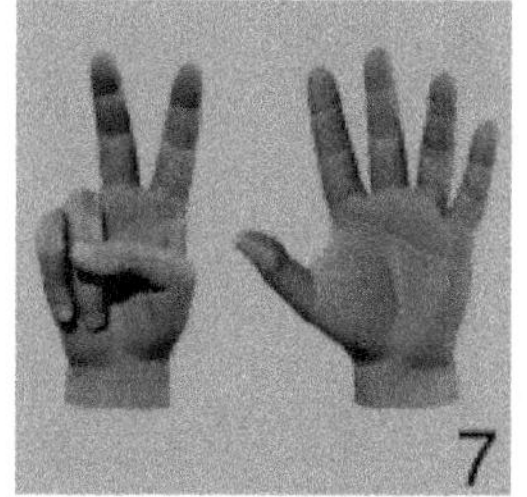

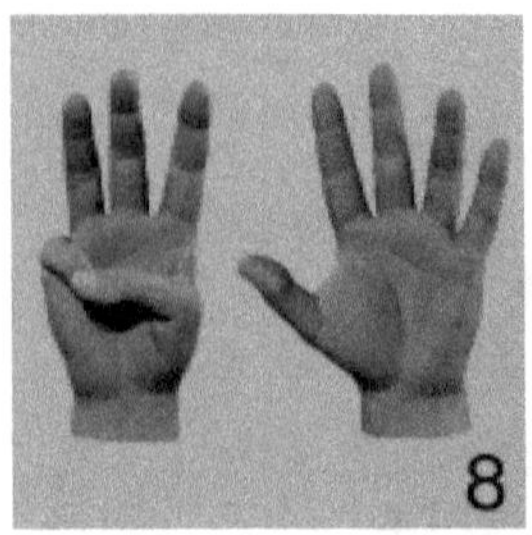

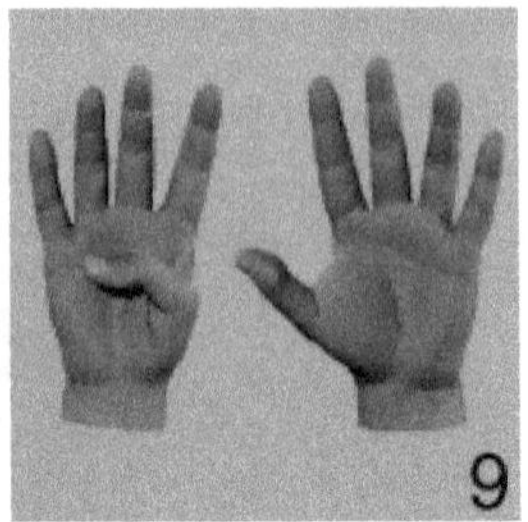

- **Número 10:** este número se ejecuta con ambas manos representando un cinco, realizando cada mano un movimiento laterales separándose y uniéndose de forma consecutiva en el centro sobre los dedos pulgares.

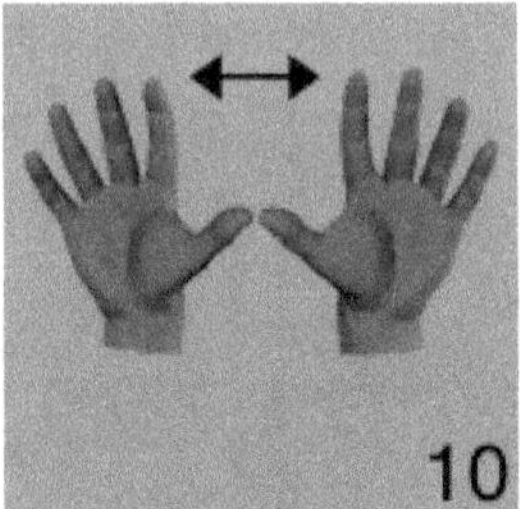

- **De 11 a 15:** la representación de estos números consta de dos movimientos diferentes realizados con la misma mano, la derecha. En el primero de ellos se representa un 1 y en el segundo una cifra entre el 1 y el 5.

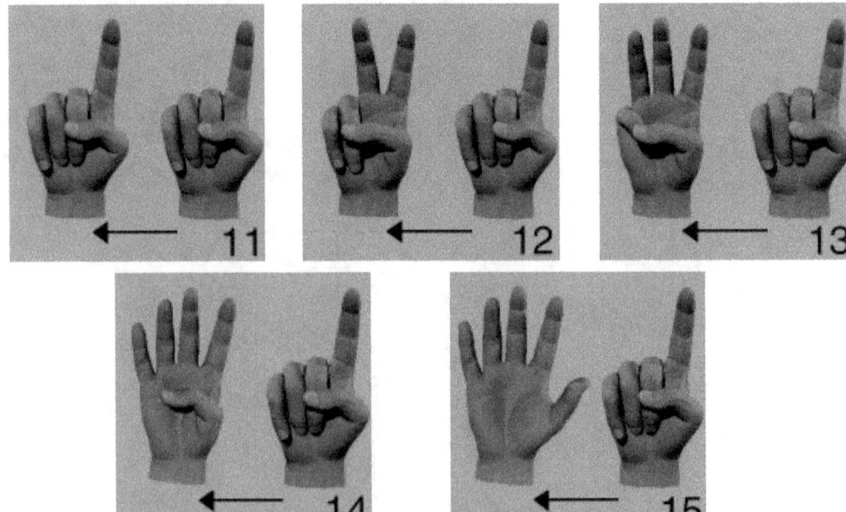

- De 16 a 19: realizamos un movimiento continuo que se inicia con las manos cruzadas en el lado contrario (mano derecha sobre brazo izquierdo y mano izquierda sobre brazo derecho) representando la izquierda el 5 y la derecha tantos dedos como superen a éste. El movimiento finaliza retornando las manos cada una a su lado manteniendo los números representados anteriormente.

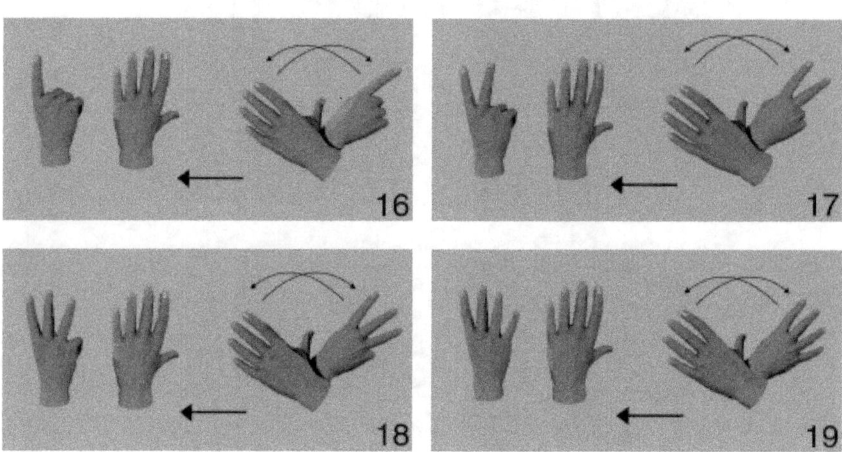

- De 26 a 29, 36 a 39, 46 a 49 y 56 a 59: en estos números se realizan dos gestos, el primero con la mano derecha indicando la primera cifra de las decenas (2, 3, 4 o 5) en la parte izquierda de nuestro cuerpo, y el segundo con ambas manos en el centro del cuerpo en el que la mano izquierda representa el 5 y la derecha tantos dedos levantados como superen esta cantidad.

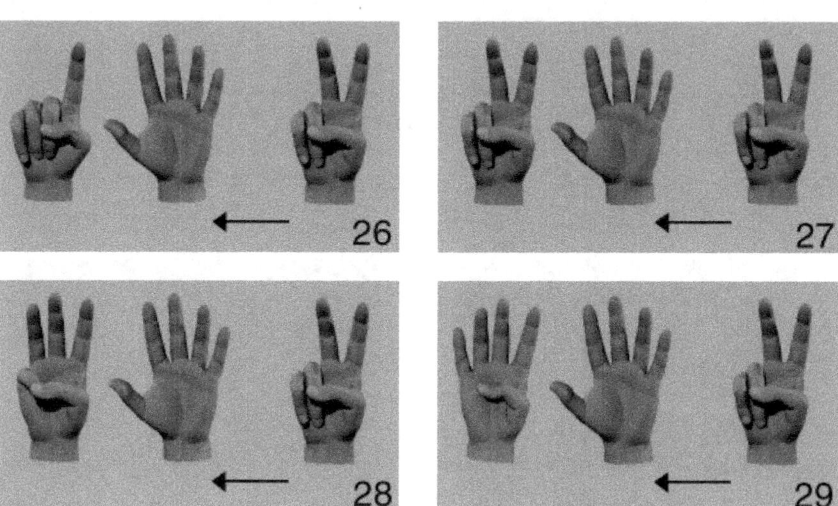

- Decenas 20 a 50: se realizan dos movimientos seguidos con la misma mano (derecha), el primero sobre el lado izquierdo de nuestro cuerpo indicando el primer número de la decena (2,3,4 o 5), y el segundo a nuestro lado derecho representando un 0.

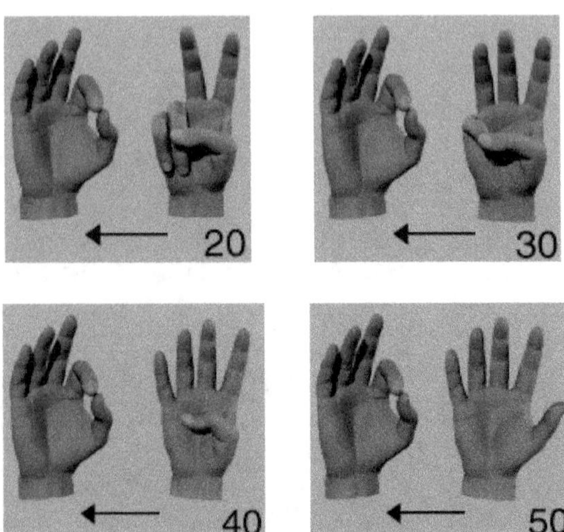

- Decenas 60 a 90: se realizan dos movimientos, el primero a nuestro lado izquierdo con ambas manos en el que se representa el primer número de la decena (6,7,8 o 9), y un segundo con la mano derecha y a la derecha de nuestro cuerpo indicando un 0.

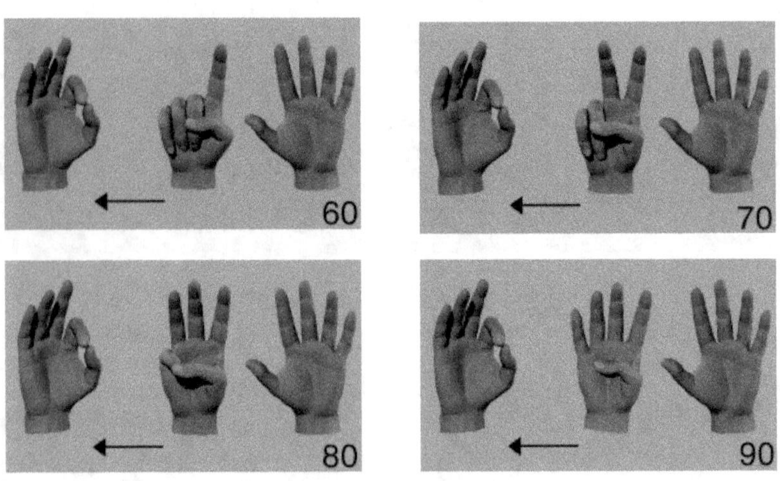

- De 61 a 65, 71 a 75, 81 a 85 y 91 a 95: se realizan dos movimientos seguidos, el primero a nuestro lado izquierdo con ambas manos en el que se representa el primer número de la decena (6,7,8 o 9), y un segundo con la mano derecha y a la derecha de nuestro cuerpo levantando tantos dedos como a unidades se refiera.

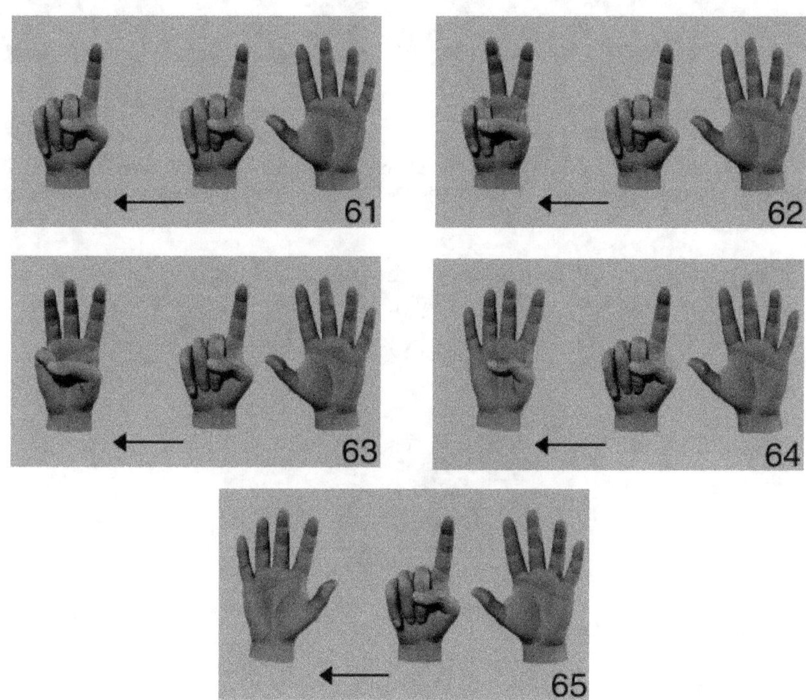

- De 66 a 69, 76 a 79, 86 a 89, 96 a 99: se ejecutan dos movimientos seguidos con ambas manos, el primero a la izquierda de nuestro cuerpo indicando la decena, y el segundo a la derecha representando las unidades.

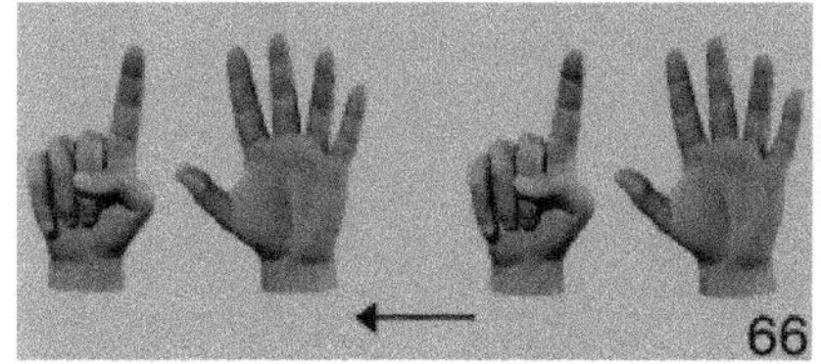

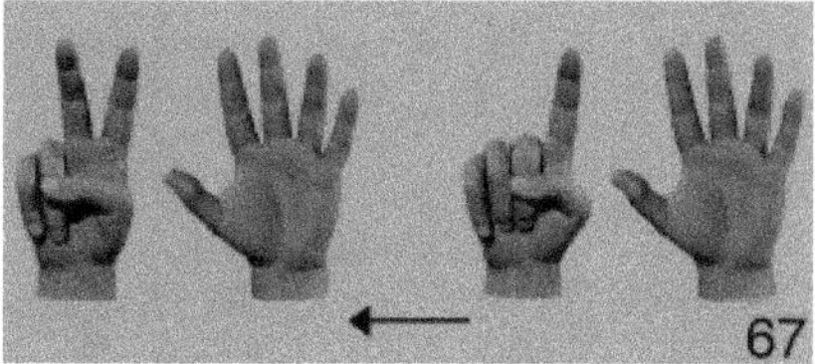

55

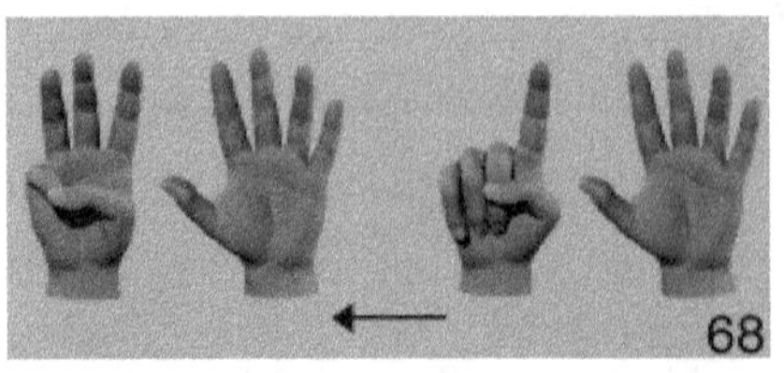

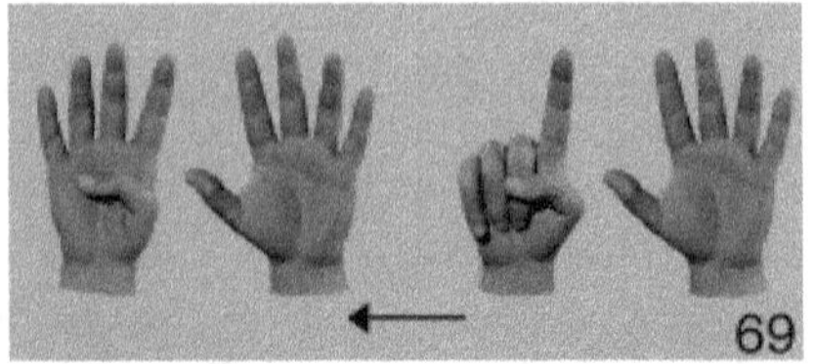

3.5.3.3. Orden

Para signar el orden de participación de un alumno en una actividad, utilizaremos los mismos gestos que hemos aprendido en los números. Así:

- PRIMERO

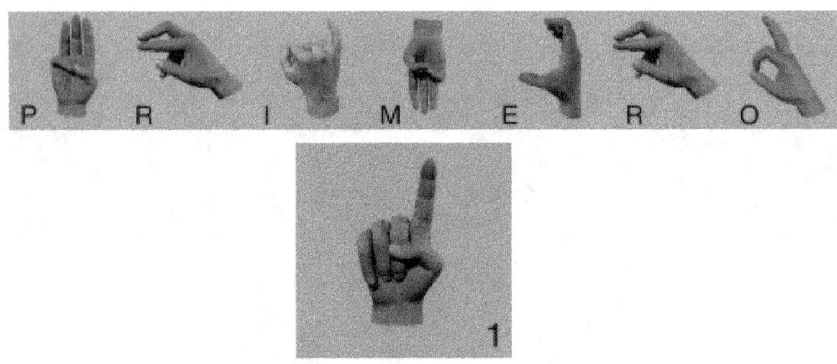

- SEGUNDO

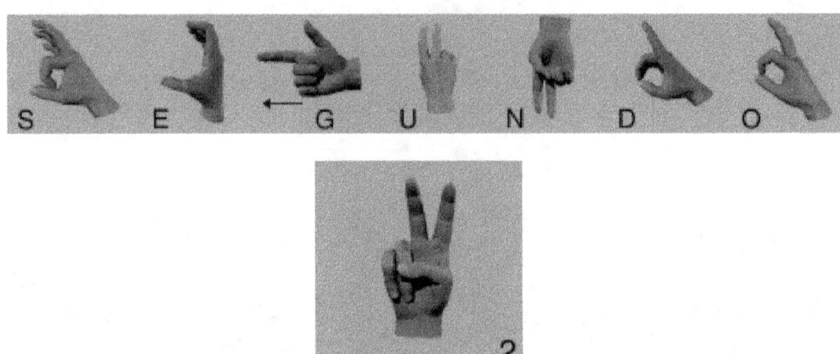

- TERCERO

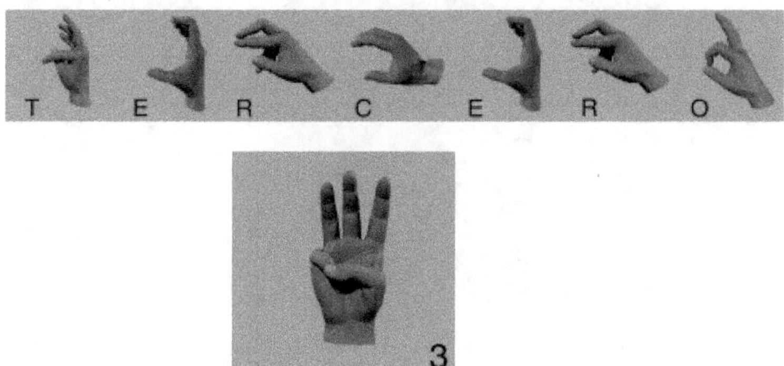

- CUARTO

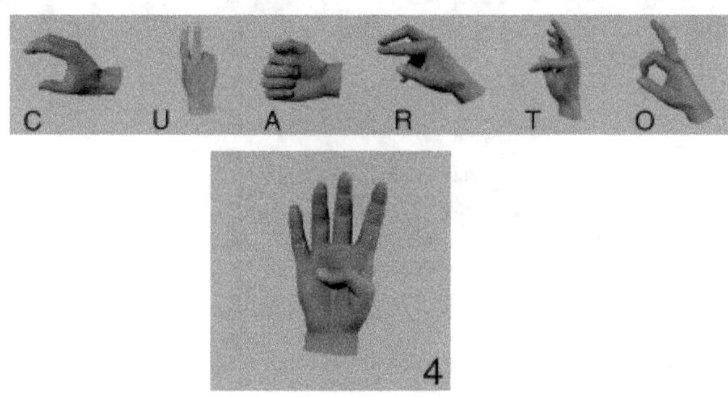

- QUINTO

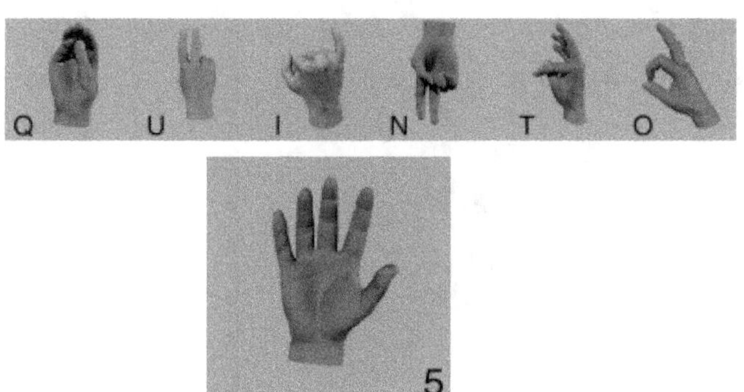

- SEXTO

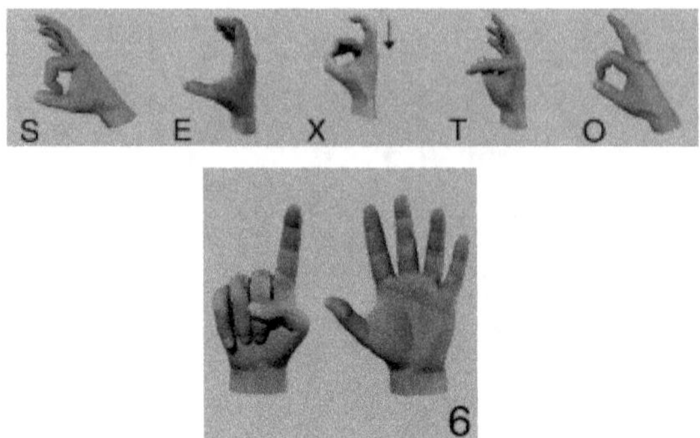

- SÉPTIMO

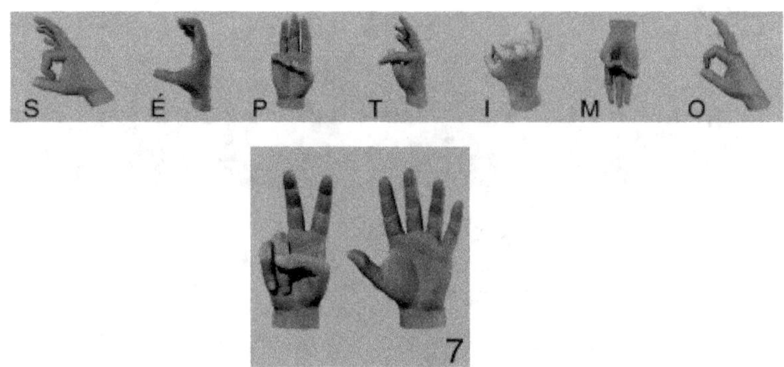

- OCTAVO

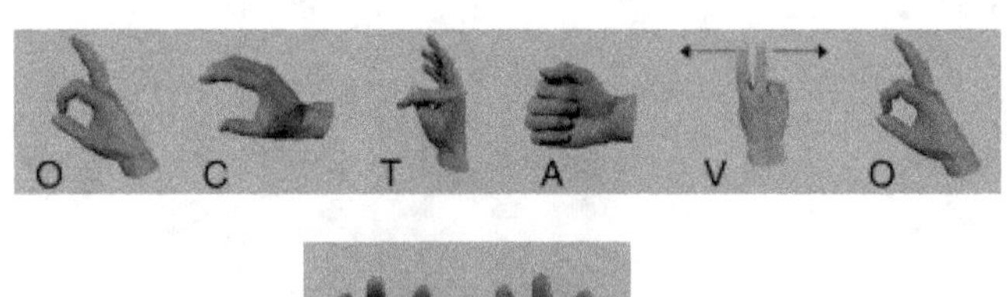

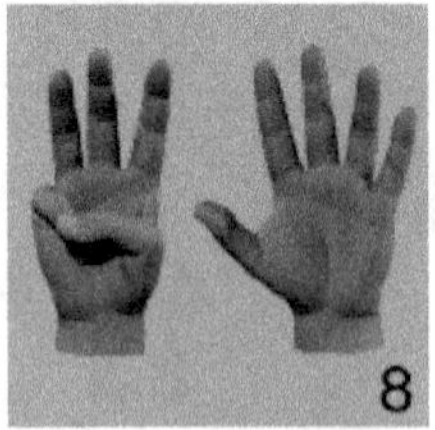

- NOVENO

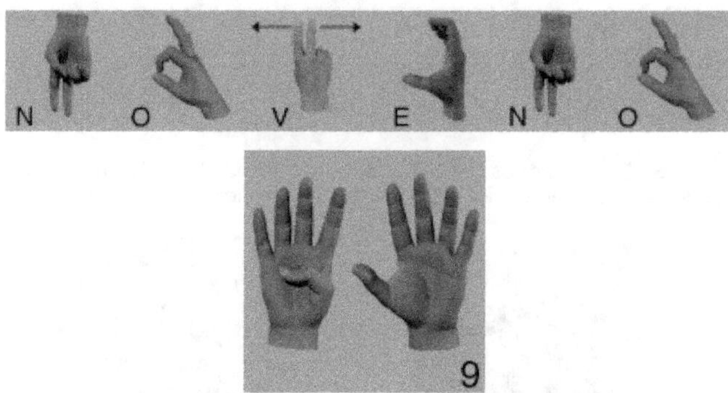

- DÉCIMO

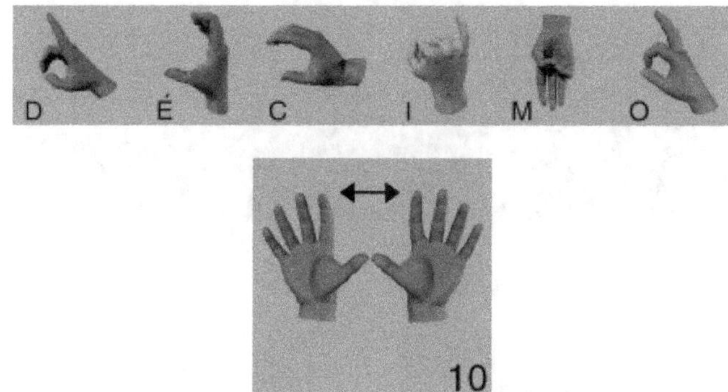

- ÚLTIMO

Con ambos meñiques unidos en el centro, separar el derecho llevando la mano hacia delante.

- ANTERIOR

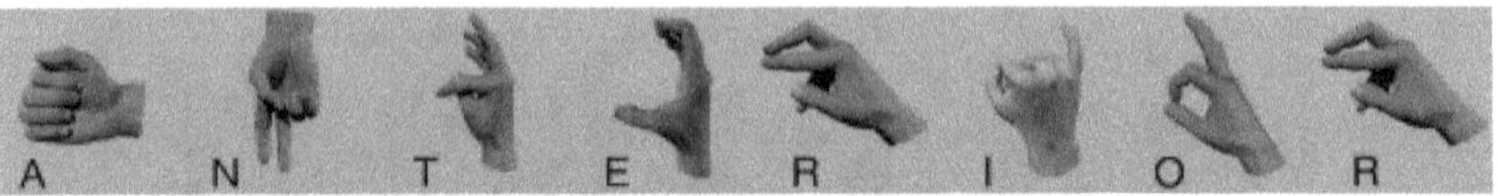

Con clasificador. Ambas manos con el dedo índice extendido hacia arriba. Colocar la mano derecha delante de la izquierda e intercambiar las posiciones.

- POSTERIOR

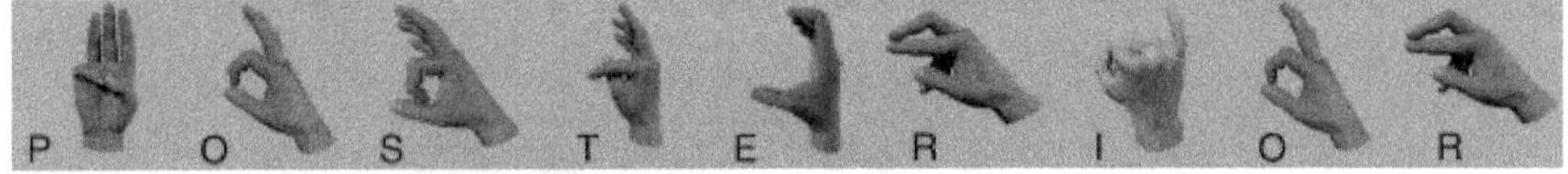

Con las manos en la posición contraria a las del concepto anterior. Esta vez la mano derecha que se encuentra atrás pasa delante de la izquierda.

3.5.3.4. Colores

- AMARILLO

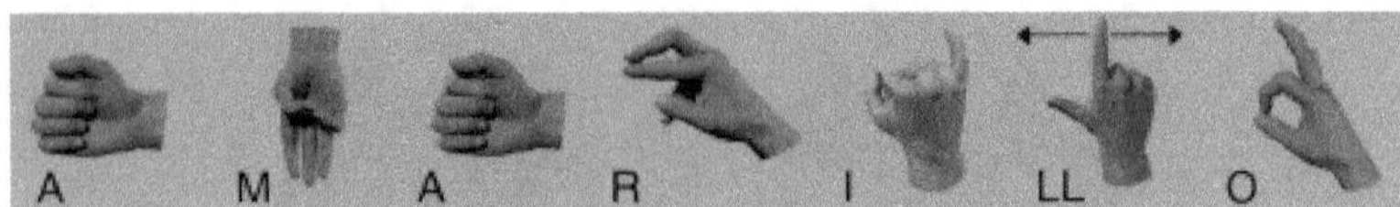

Con todos los dedos extendidos, hacer pequeños círculos tocándonos con el dedo anular en la barbilla.

- AZUL

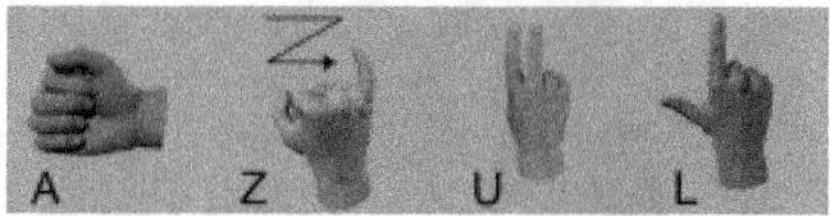

Pasamos la mano abierta por nuestra boca y la cerramos a medida que la llevamos hacia el lado derecho.

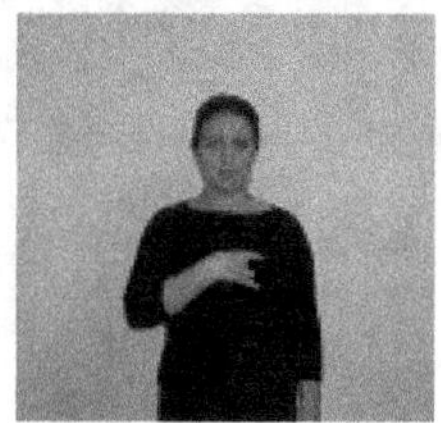

- BLANCO

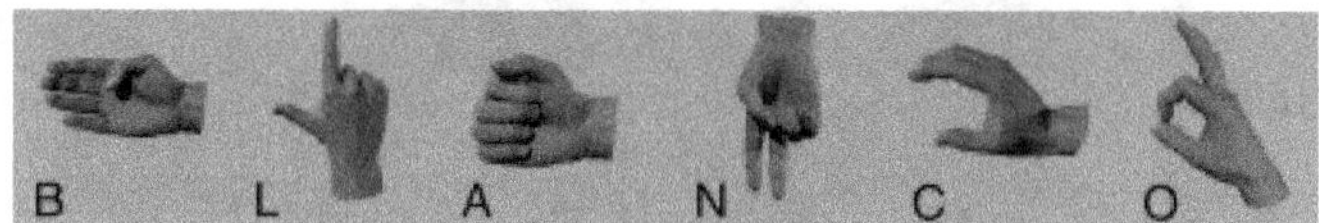

Con todos los dedos unidos sobre el pecho, llevaremos la mano adelante extendiéndolos, quedando la palma de la mano mirando hacia nosotros.

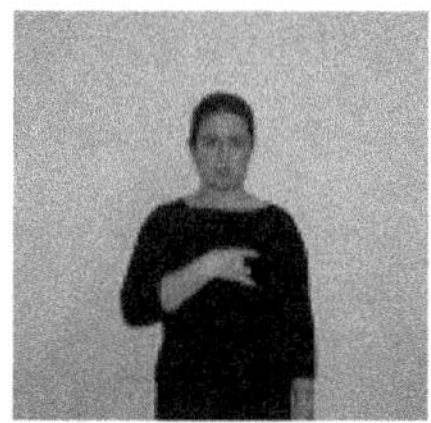
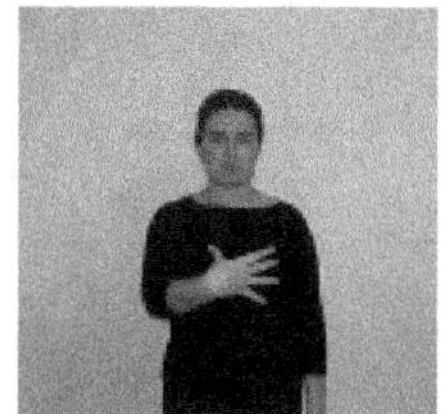

- CELESTE

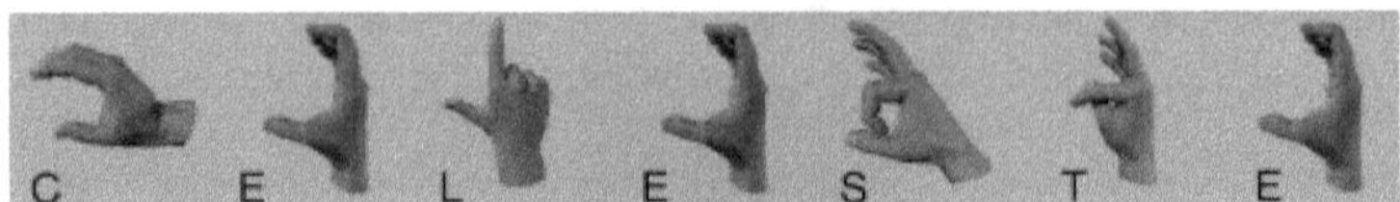

Con los dedos índice y corazón formando una "V" lateral, hacer pequeñas rotaciones adelante y atrás.

- CLARO

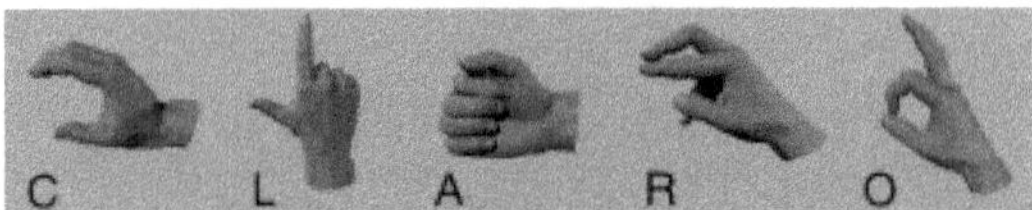

Con ambas manos cruzadas al frente, cada una vuelve a su lado original con los dedos totalmente extendidos y abiertos.

 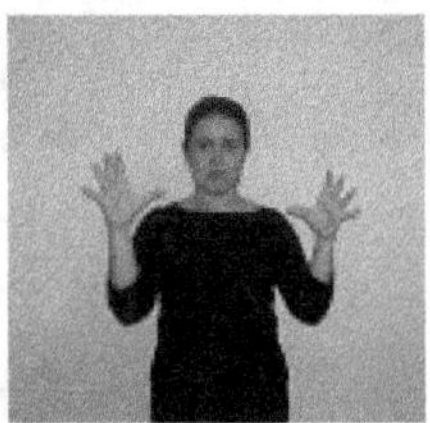

- MARRÓN

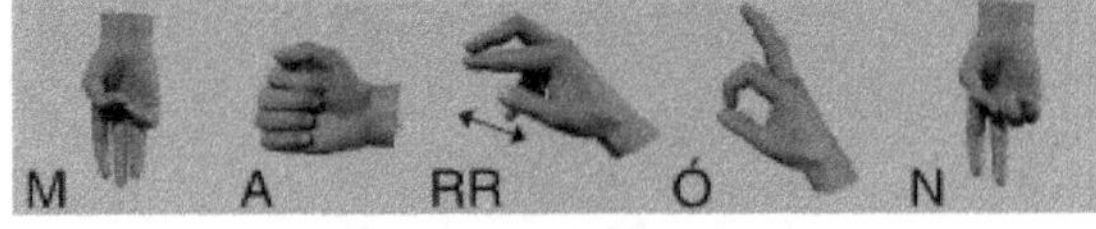

Con los dedos índice y corazón en forma de "V", tocando el moflete derecho, hacer pequeñas oscilaciones.

- MORADO

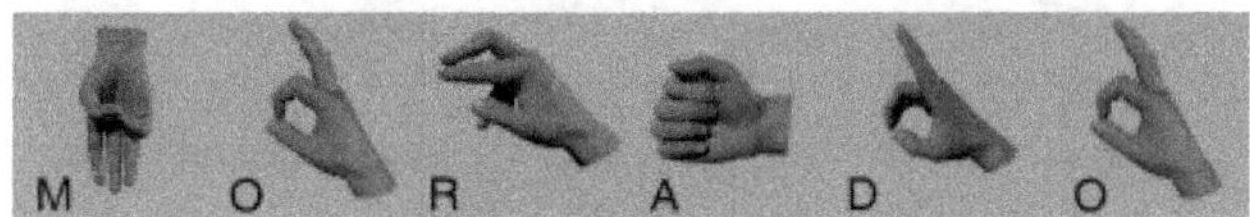

Con la palma de la mano abierta, desplazarla hacia abajo con un recorrido de curvas.

- NARANJA

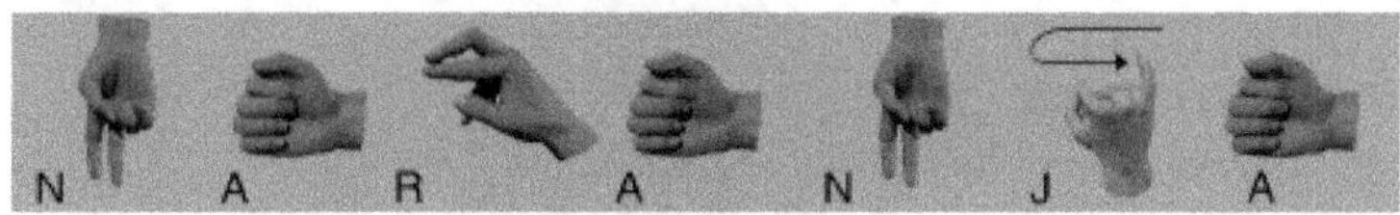

Ambas manos semicerradas se tocan repetidas veces sobre todos los dedos formando un círculo (la forma de la fruta con el mismo nombre)

- NEGRO

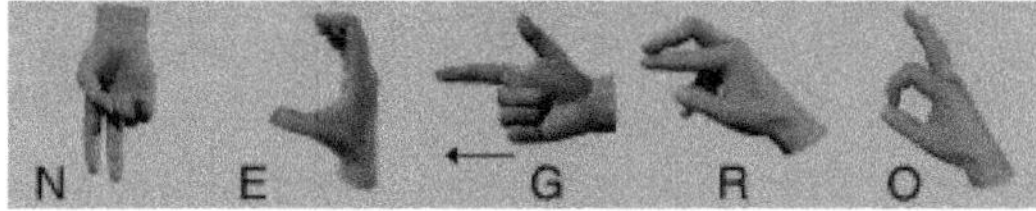

Con la mano izquierda cerrada en puño, golpear encima con los dedos índice y corazón de la mano izquierda extendidos y unidos.

- OSCURO

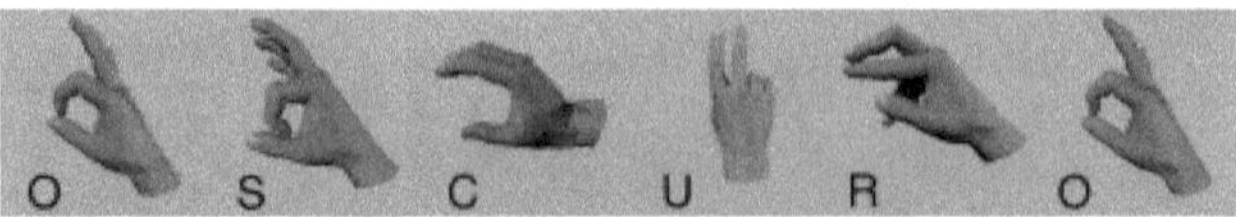

Es el movimiento contrario al signo de "CLARO". Las palmas abiertas se dirigen al centro cruzándose y cerrándose al final.

- ROJO

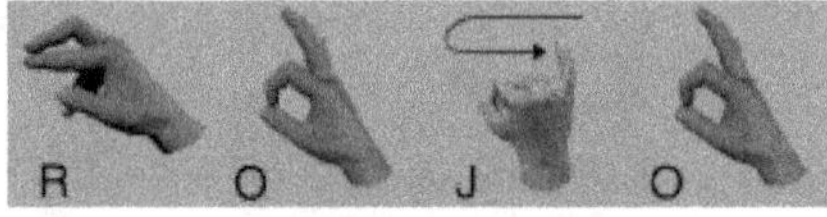

Con el dedo índice extendido, dar pequeños golpes en el labio inferior.

- VERDE

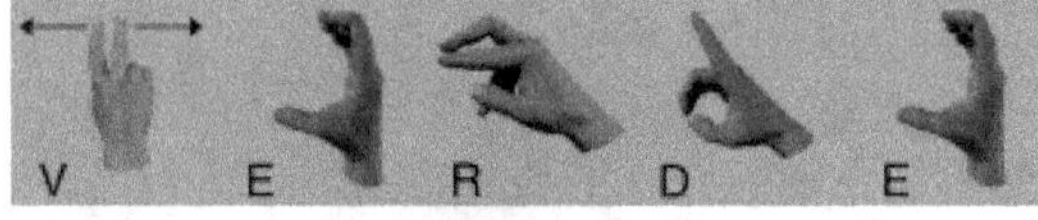

Con los dedos índice y corazón en forma de "V", desplazar la mano lateralmente de derecha a izquierda.

3.5.3.5. Hora

- ¿QUÉ HORA ES?

Para preguntar la hora utilizaremos dos signos: HORA + CUÁL.

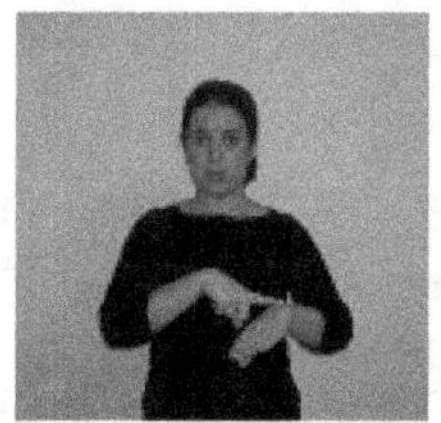 

- HORA

Con el dedo índice extendido, dar una vuelta completa por encima de la muñeca izquierda, como si ahí estuviese el reloj (Ej: una hora).

- MINUTO

Con los dedos índice y pulgar unidos, realizar un movimiento corto de atrás hacia delante.

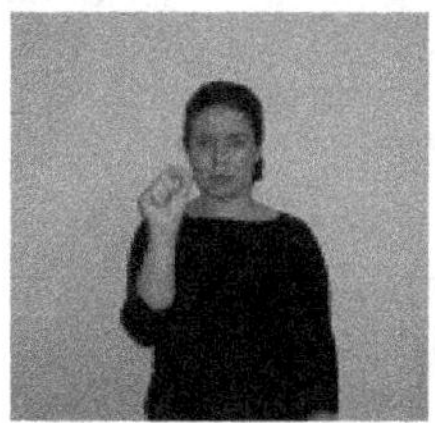

- SEGUNDO

Con los dedos índice y corazón extendidos y unidos, flexionar las últimas falanges de ambos dedos.

65

- EN PUNTO

Con dedos índice y pulgar unidos formando un círculo, y el resto de los dedos extendidos (ambas manos la misma posición), hacer un movimiento firme que empieza a la altura de la cabeza y termina en el pecho.

- Y CUARTO

Con el dedo índice extendido y el antebrazo transversal al cuerpo, realizar un movimiento de muñeca de un cuarto de circunferencia hacia su lado original.

- MENOS CUARTO

Con los dedos semiflexionados formando un ángulo recto con la mano, realizar movimientos cortos hacia el centro.

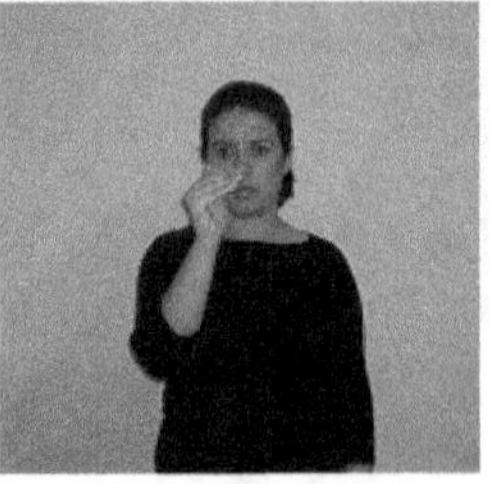

- Y MEDIA

Con los dedos índice de cada mano extendidos, colocarlos transversales en el centro del cuerpo.

3.5.3.6. Partes del cuerpo

- BOCA

Bordear la boca señalando con el dedo índice.

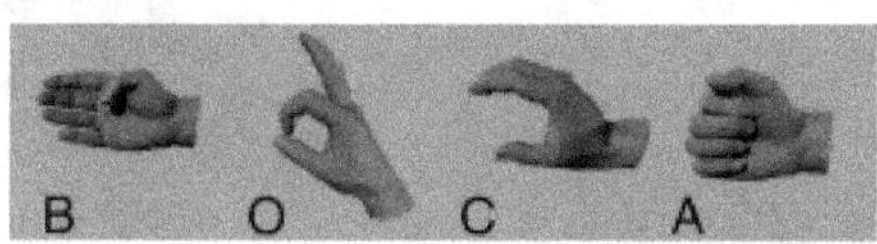

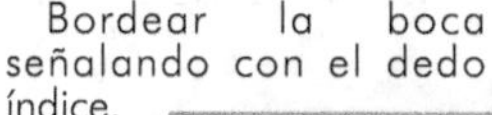

- BRAZO

Deslizar la mano derecha o únicamente su dedo índice a lo largo del brazo izquierdo.

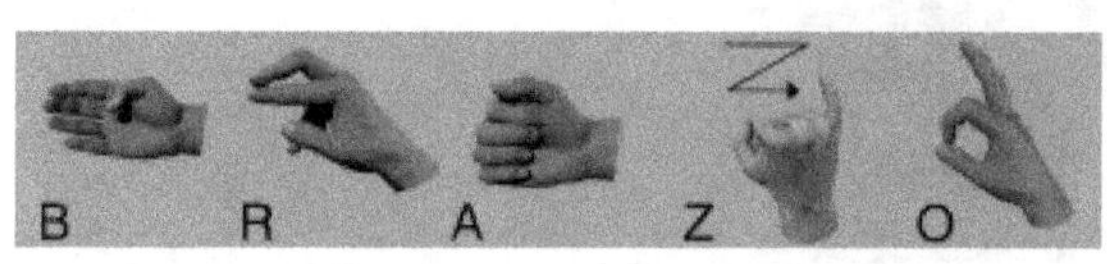

- CABEZA

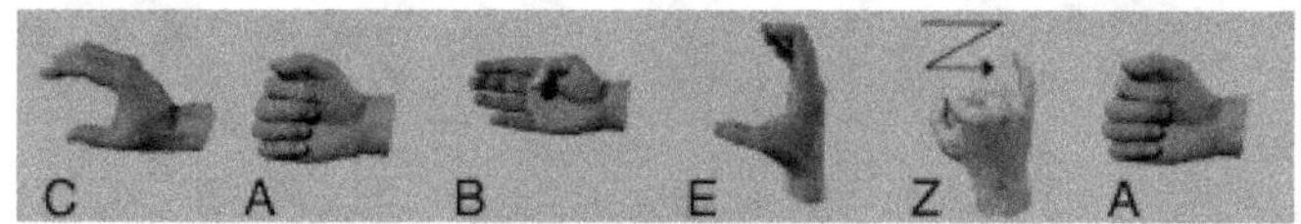

Dar pequeño golpes arriba de la frente con las yemas de los dedos extendidos y unidos.

- CARA

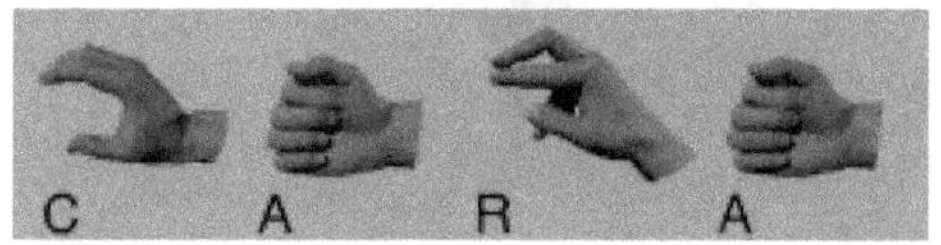

Señalar el contorno de la cara con un movimiento circular de la mano con el dedo índice extendido.

- CODO

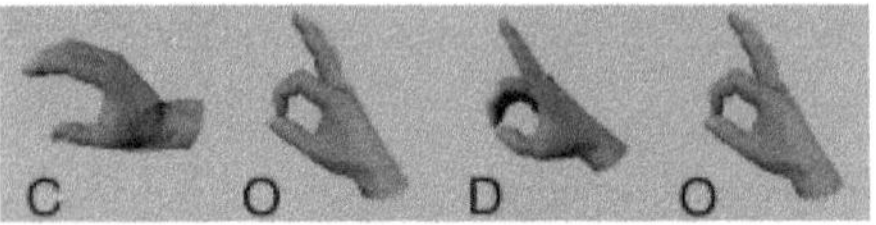

Tocar el codo izquierdo con la mano derecha.

- CUERPO

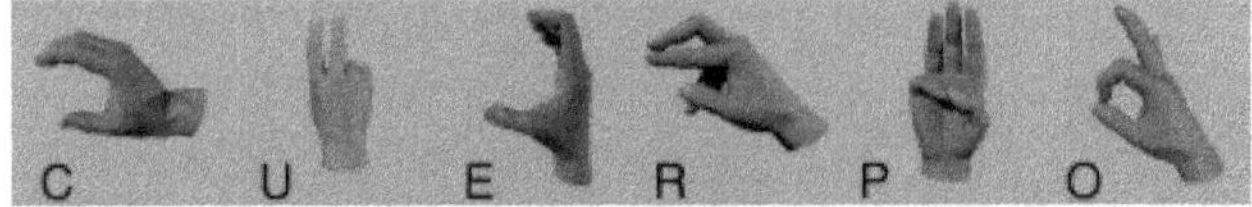

Con los dedos unidos y semiflexionados mirando hacia el cuerpo, ambas manos realizan un movimiento simultáneo hacia abajo desde el pecho hasta el vientre.

- DEDO

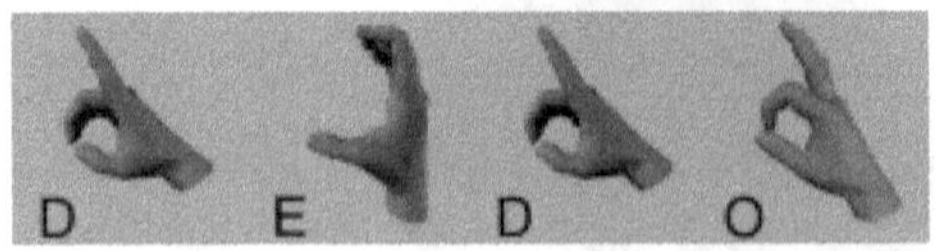

Levantar la mano con el dedo índice extendido.

- ESPALDA

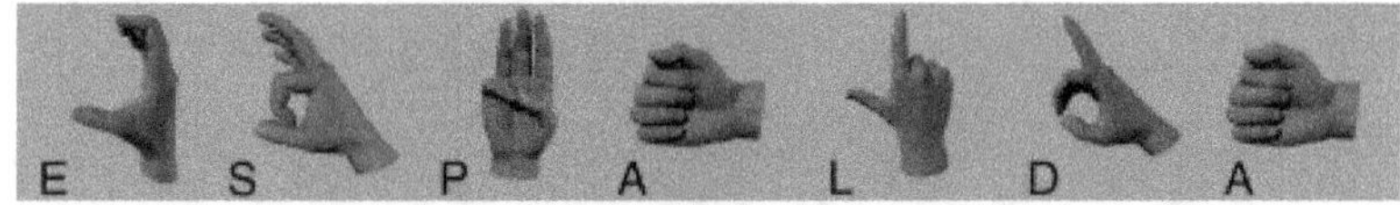

Señalar con el dedo índice por encima del hombro derecho.

- HOMBRO

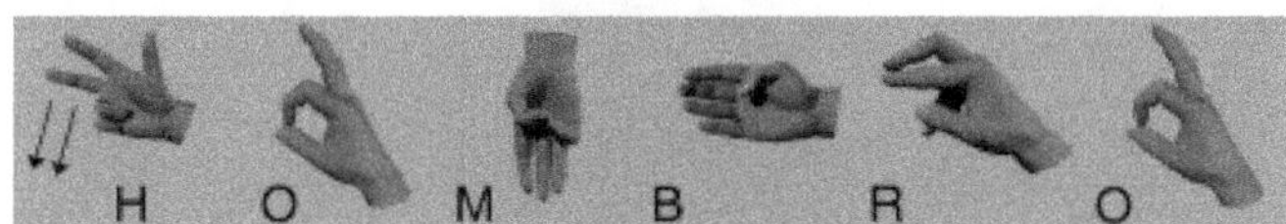

Tocar con la palma de la mano el hombro izquierdo.

- NARIZ

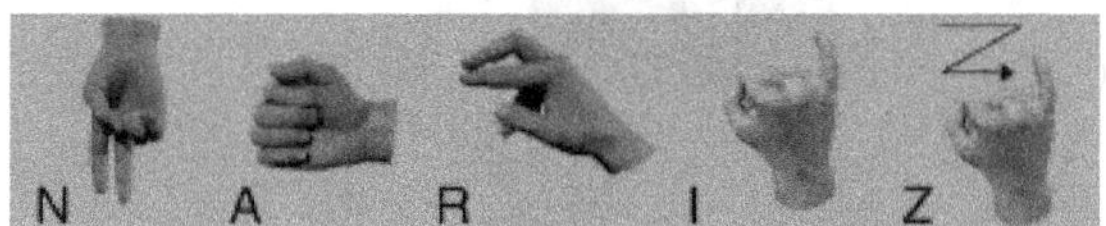

Señalar con el dedo índice la punta de la nariz.

- OREJA

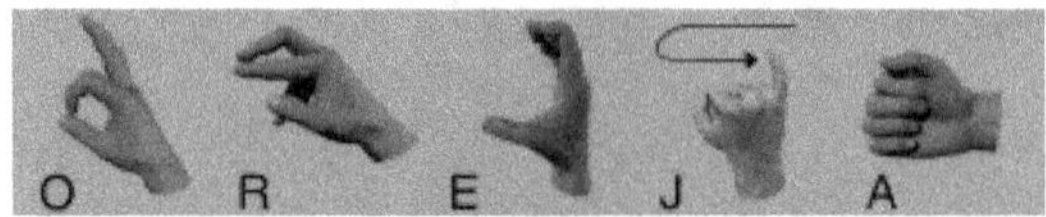

Señalar con el dedo índice la oreja derecha.

- OJOS

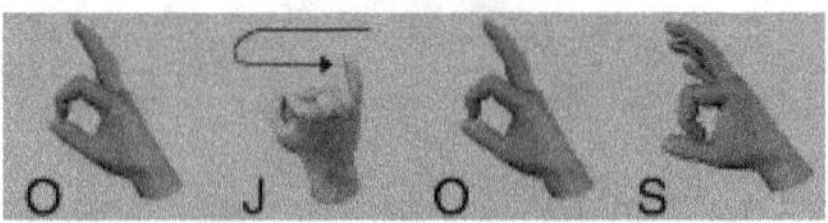

Señalar con el dedo índice los ojos izquierdo y derecho alternativamente.

- PECHO

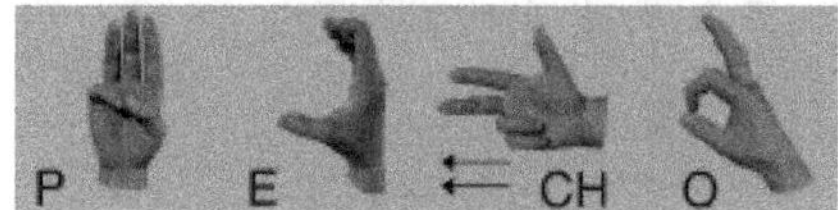

Colocar la palma de la mano abierta sobre el pecho.

- PELO

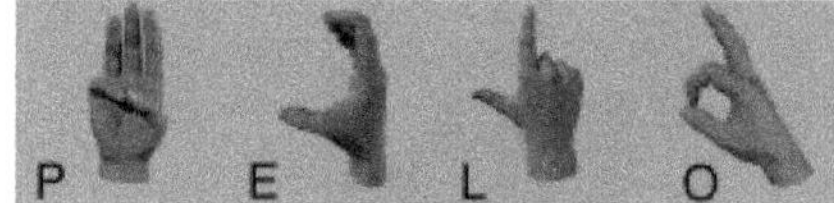

Atrapar un mechón de pelo de encima de la frente con los dedos índice y pulgar.

- PIERNA

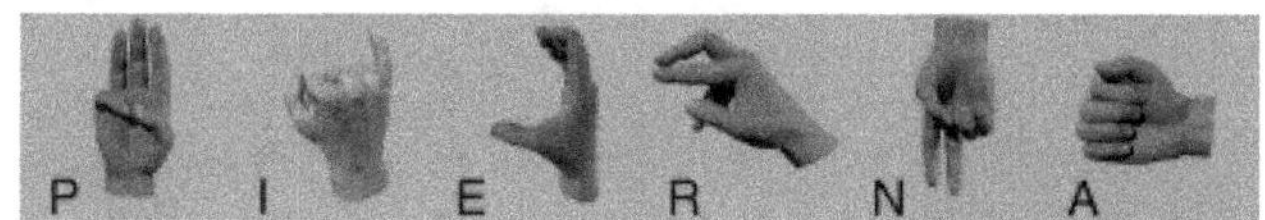

Con la palma de la mano abierta y los dedos unidos, realizar un pequeño movimiento hacia abajo a la altura de la cadera.

Si vamos a realizar el gesto con clasificadores, señalaremos con el dedo índice de la mano derecha uno de los dos dedos de la mano izquierda que representan el cuerpo.

- PIES

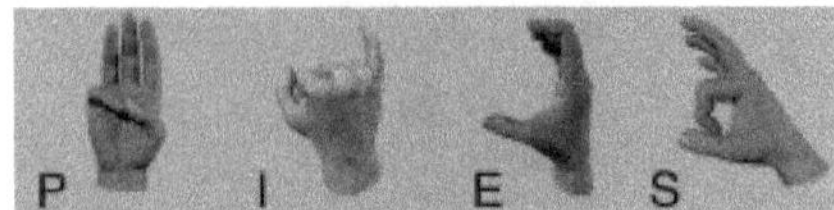

Con los dedos índice y corazón extendidos, flexionarlos dando un pequeño golpe hacia abajo a la punta de la nariz.

- PUNTERA

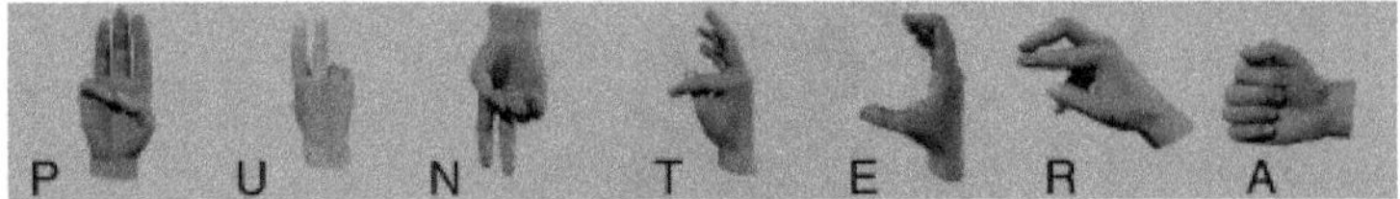

Para referirnos a la puntera debemos explicar anteriormente el pie, haciendo el gesto anterior y colocando seguidamente la palma de la mano extendida (izquierda) mirando hacia abajo. A continuación señalaremos con la mano derecha en la punta de los dedos (la parte delantera del pie)

- PUÑO

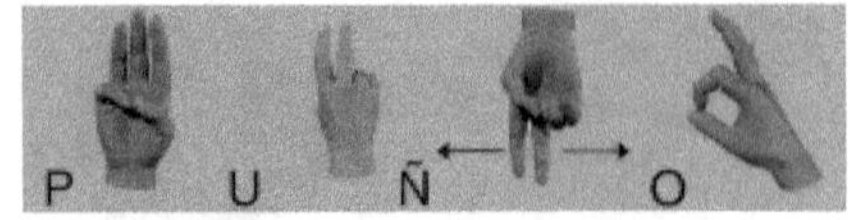

Enseñaremos el puño de la mano derecha. El gesto se acompañará de una expresión de enfado.

- TALÓN

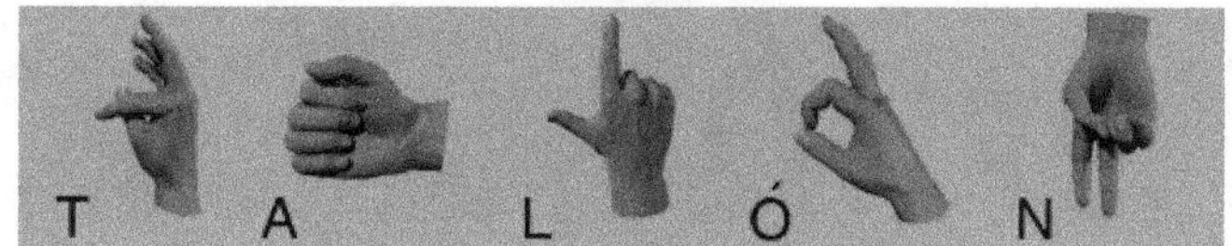

Al igual que ocurre con el signo "PUNTERA", en esta ocasión representaremos el pie con la mano izquierda y tocaremos con la derecha en su parte inferior y trasera.

3.5.3.7. Adverbios de cantidad

- ALGO / CASI

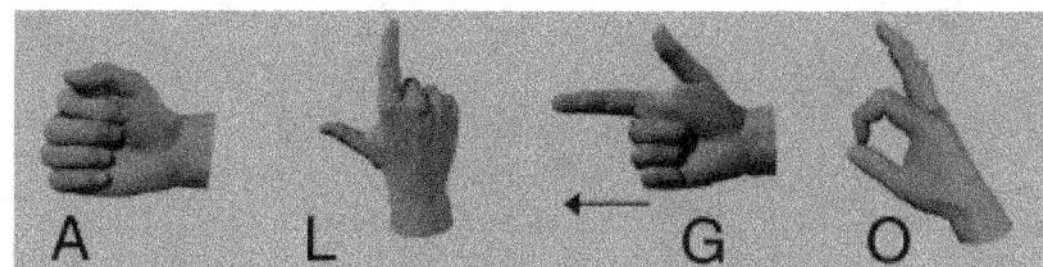

Tocar con el dorso de los dedos la parte inferior de la barbilla repetidas veces.

- ALGUNOS

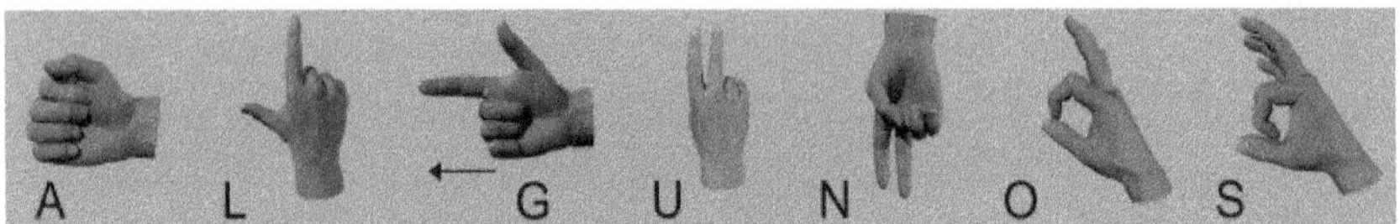

Con los dedos índices extendidos, realizar movimientos arriba y abajo de forma alternativa con ambas manos.

- DEMASIADO

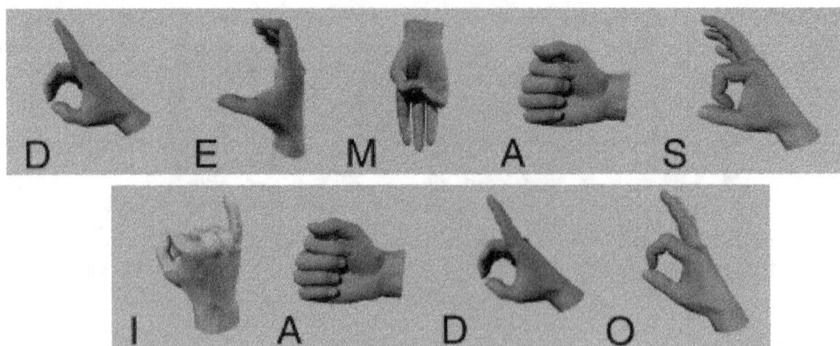

Con la palma de la mano abierta y perpendicular a la cara, realizar movimientos adelante y atrás.

- IGUAL

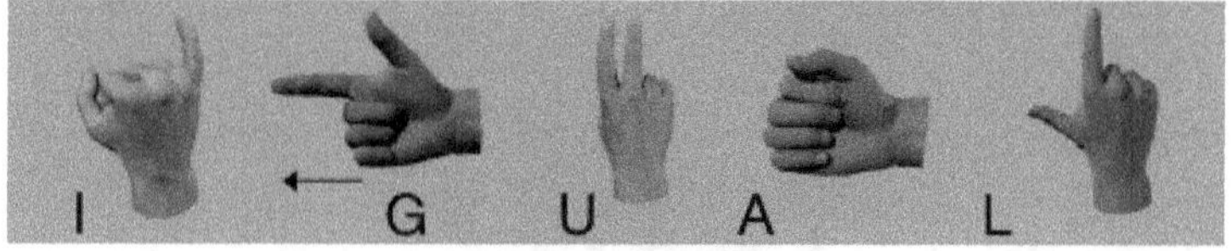

Unir los dedos índices de ambas manos longitudinalmente en el centro repetidas veces.

- MÁS

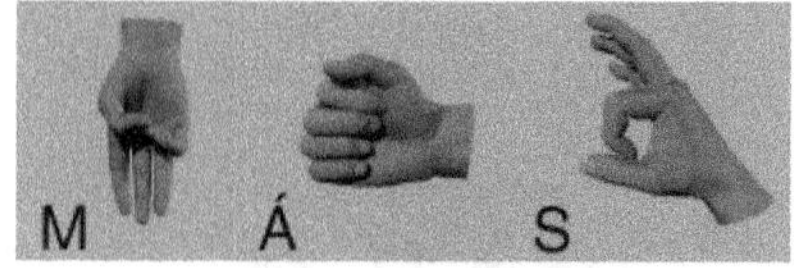

Movimiento de la mano hacia arriba con el pulgar extendido.

- MENOS

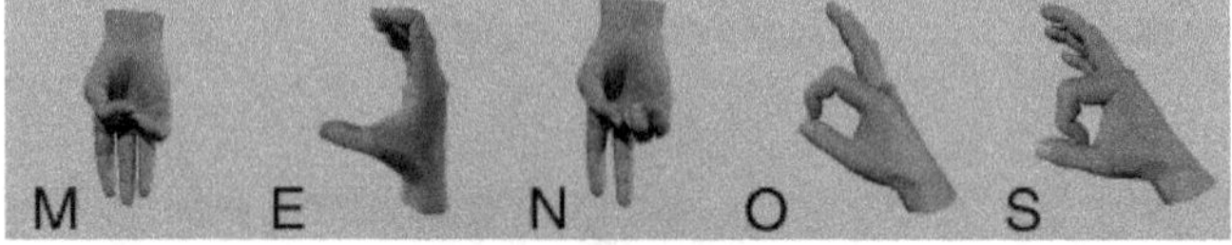

Movimientos abajo y arriba de la mano con la palma mirando al suelo y los dedos extendidos.

- MUCHO

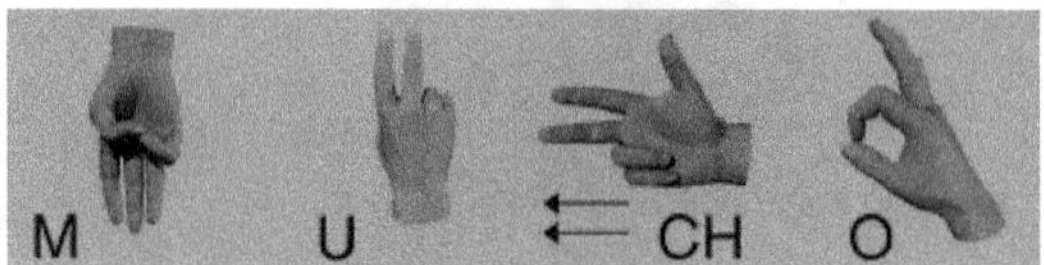

Separar y unir los dedos de las manos repetidas veces mirando hacia arriba.

- NADA

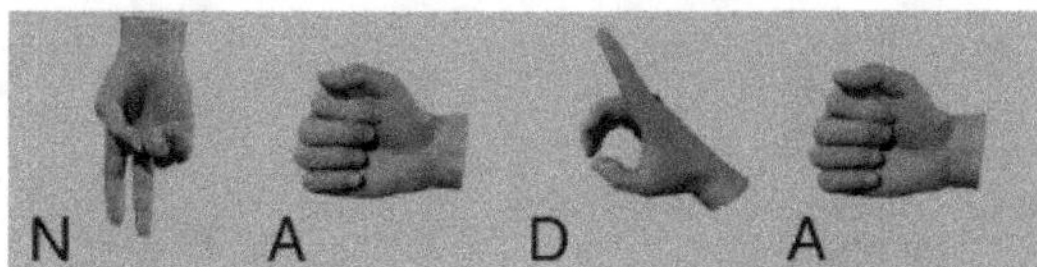

Con los dedos índice y anular unidos en forma de círculo, hacer circunferencias hacia el interior cruzando las manos en el centro.

- POCO

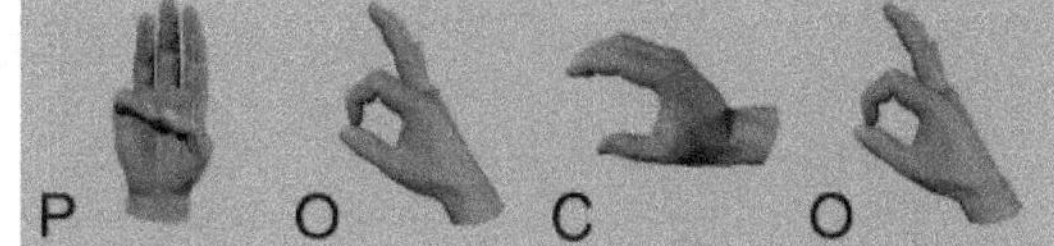

Con los dedos índice y pulgar unidos, extenderlos quedando el resto flexionados.

- TODO

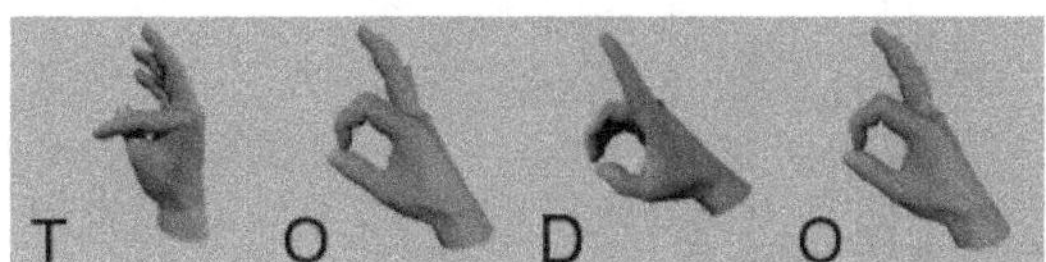

Cerrar la mano derecha sobre la palma de la mano izquierda, como si atrapásemos algo.

3.5.3.8. Adverbios de negación

- NADIE

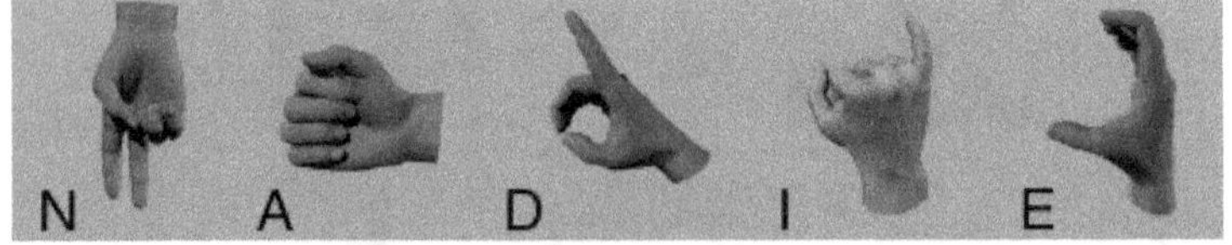

Pasar el puño derecho cerrado y mirando hacia abajo por encima de la palma izquierda.

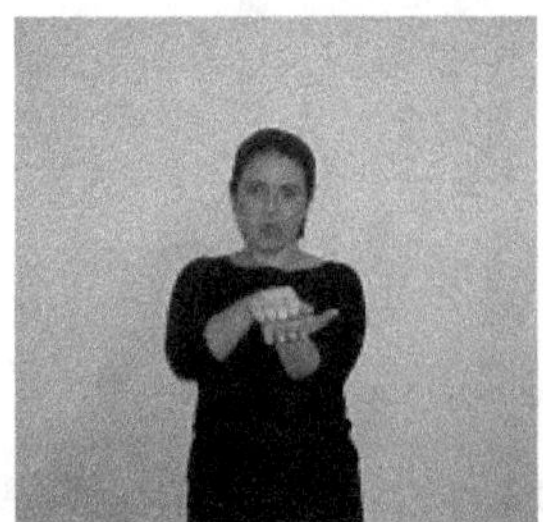

- NO

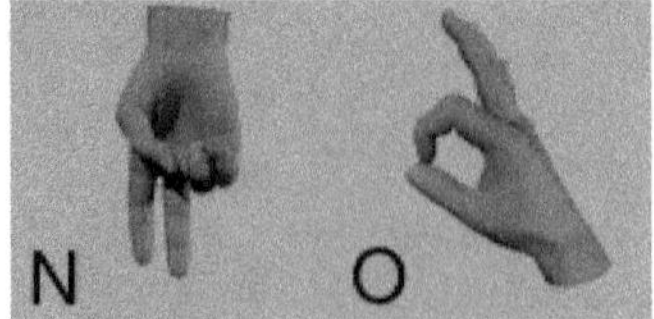

Con los dedos índice y anular en forma de "V" y el pulgar extendido mirando hacia el tronco, realizar un movimiento de la mano hacia delante a medida que unimos estos tres dedos. Este gesto se acompaña de una expresión de la cara de "enfado".

El NO también puede signarse moviendo el dedo índice extendido de derecha a izquierda.

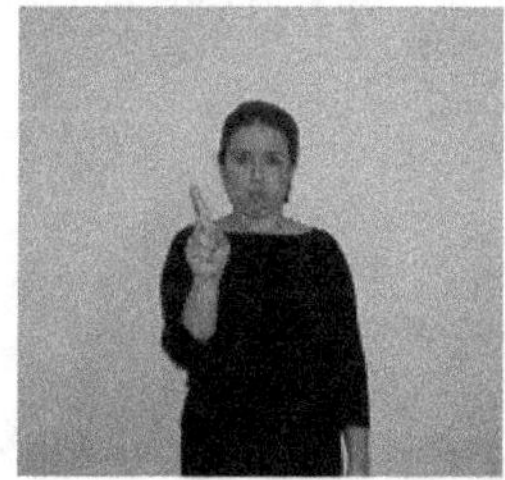

- NUNCA

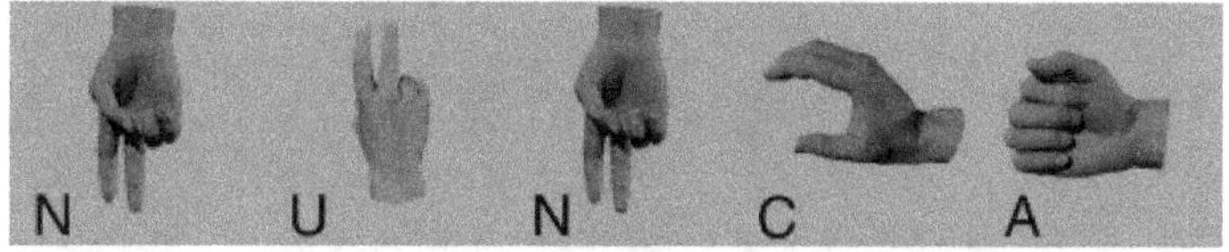

Con los dedos índice y anular extendidos, realizar movimientos de flexión de la muñeca hacia abajo repetidas veces.

- NUNCA MÁS

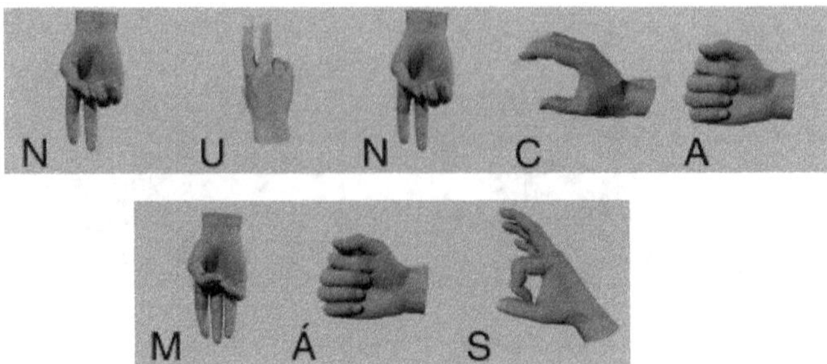

Todos los dedos extendidos y abiertos, y con los pulgares sobre los índices, realizar un movimiento firme de ambos brazos hacia abajo.

3.5.3.9. Adverbios de tiempo

- AHORA

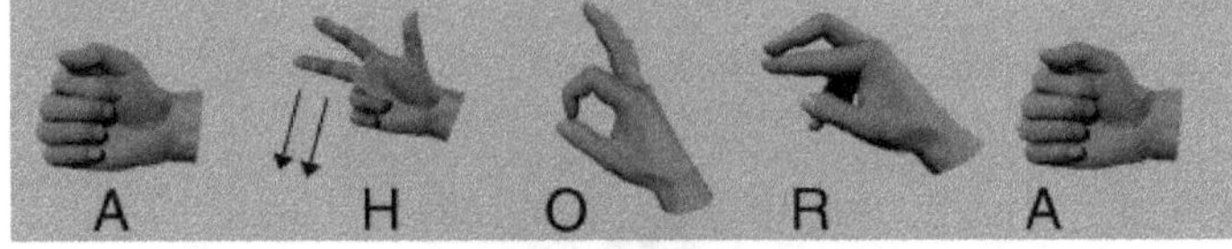

Con la palma de la mano abierta transversal a la cara, mover los dedos anular y corazón hacia abajo.

- ANTES

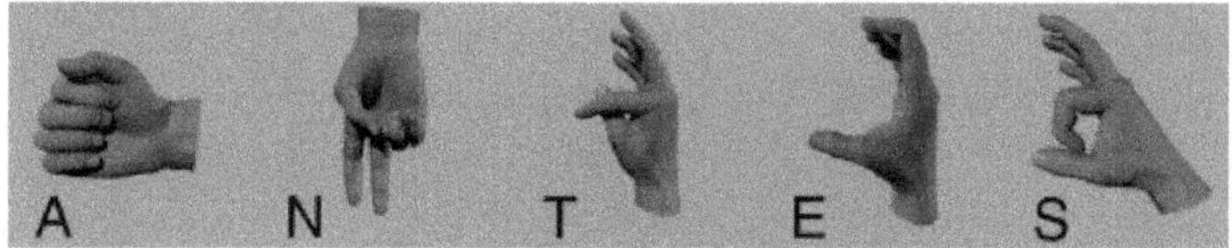

Con la palma de la mano abierta, llevarla hacia atrás por encima de la mano izquierda.

- DESPUÉS

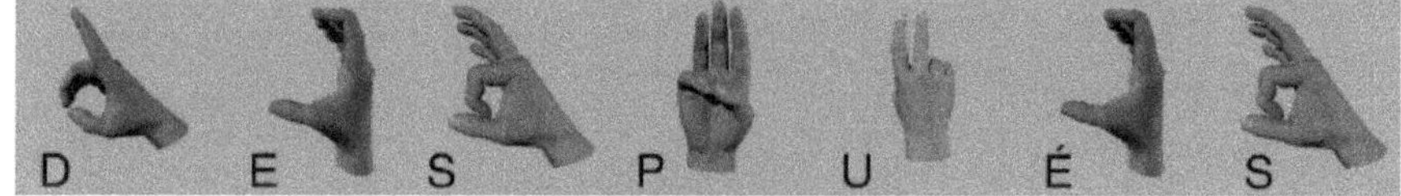

Con el dedo índice extendido, dar un giro completo de muñeca.

- SIEMPRE

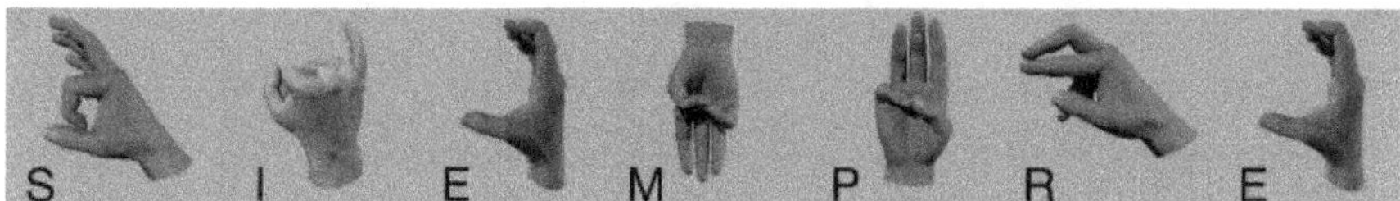

Con los dedos índice y pulgar formando un círculo, hacer giros de los brazos hacia delante.

3.5.3.10. Adverbios de lugar

- ABAJO

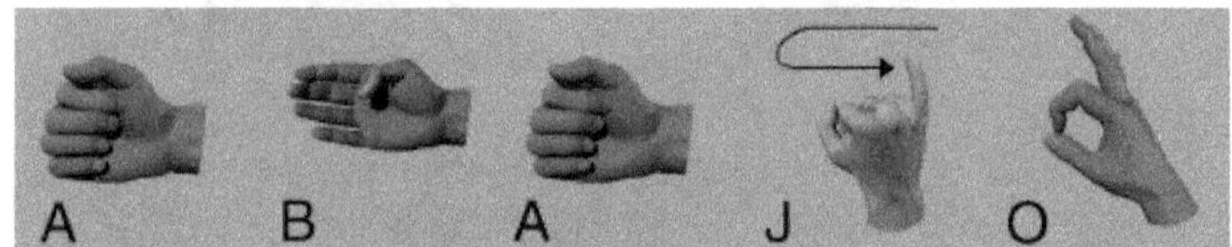

Señalar hacia el suelo.

- AL LADO

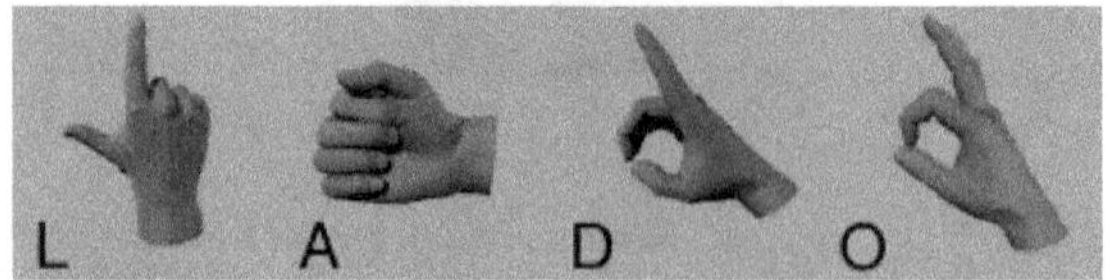

Con la palma de la mano derecha transversal a la izquierda, separarla.

- ALLÍ

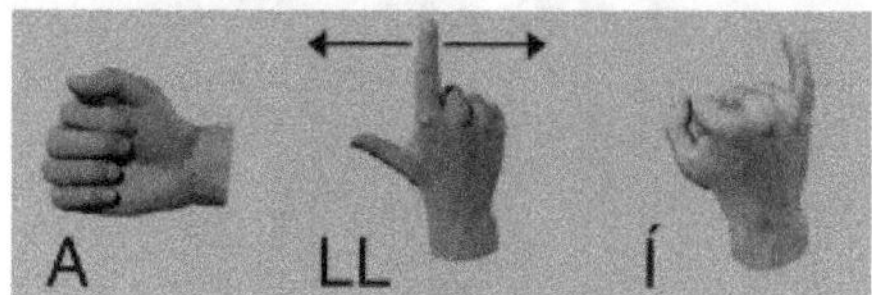

Señalar el lugar al que nos referimos.

- AQUÍ

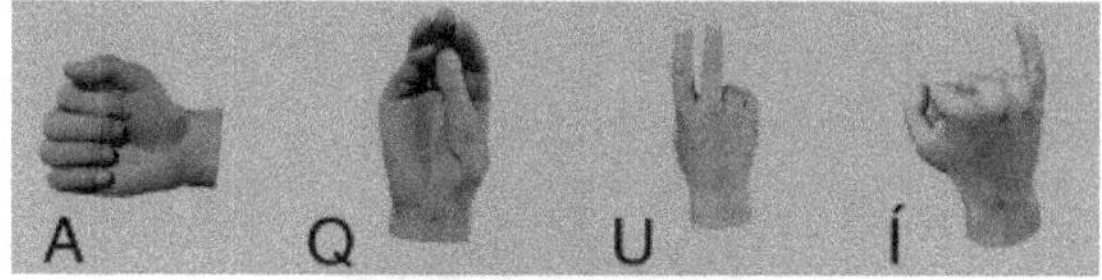

Señalar hacia abajo.

- ARRIBA

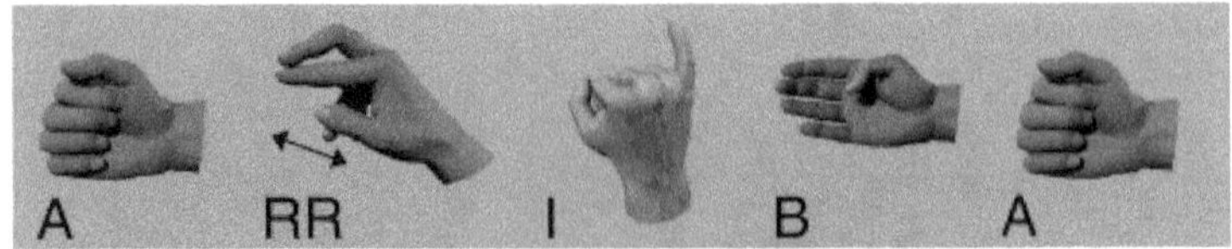

Señalar hacia arriba.

- CERCA

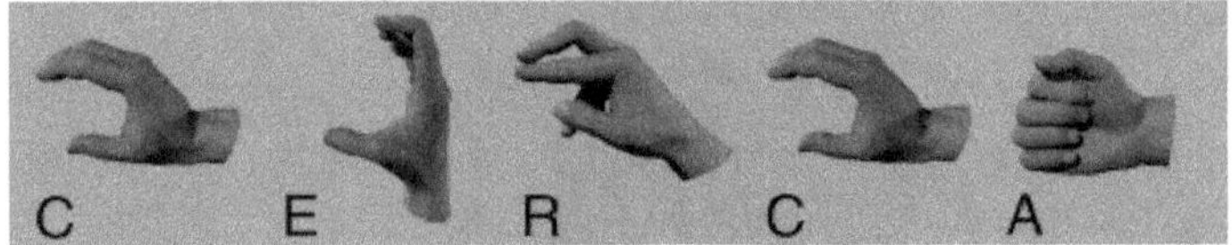

Con los dedos índice y meñique extendidos, chocar el pulgar contra la mano izquierda que está colocada sobre el pecho (este gesto puede aparecer chocándolo contra la palma de la mano izquierda o contra el dorso).

- DEBAJO

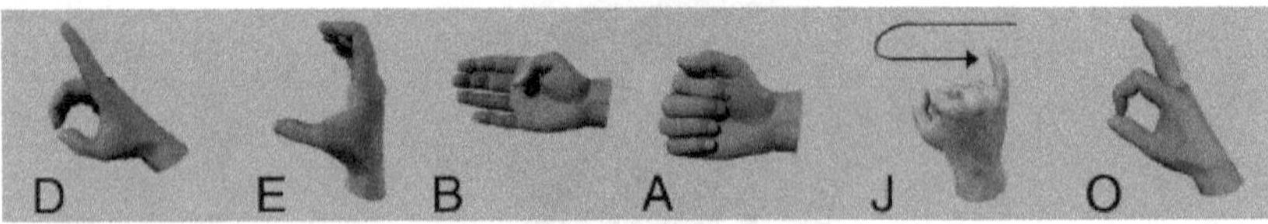

Con clasificador. Se signa con la mano izquierda el objeto que está arriba y con la derecha la persona un objeto que debe quedar colocado debajo.

- DETRÁS

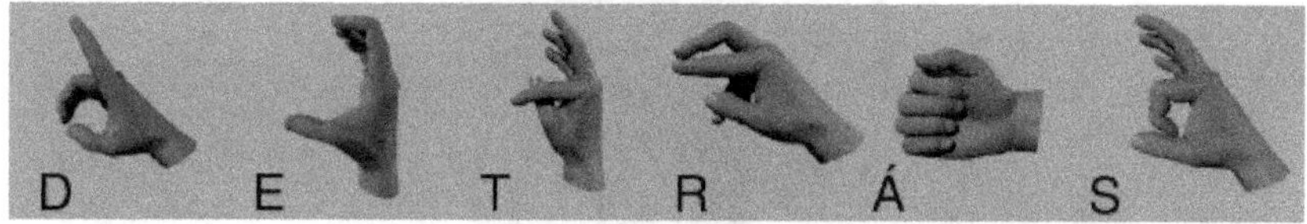

Se signa con la mano izquierda el objeto de referencia colocando la mano derecha en clasificador delante de la misma, a continuación se bordea la mano izquierda poniendo la derecha detrás.

- EN FRENTE

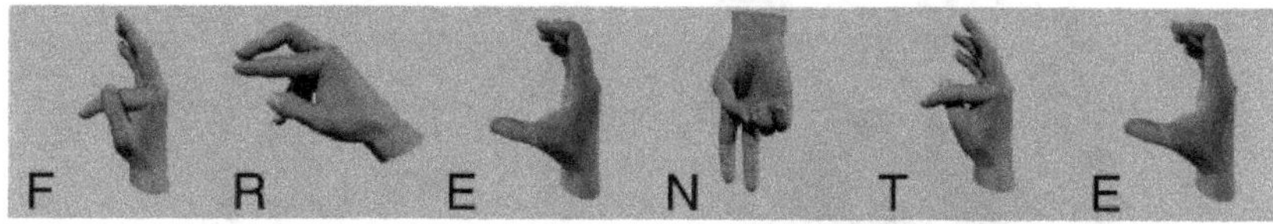

Con ambas manos unidas y abiertas mirando al frente, separar la derecha.

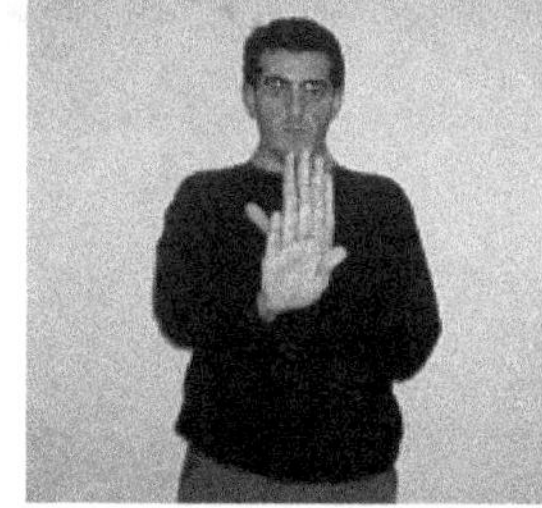

- ENCIMA

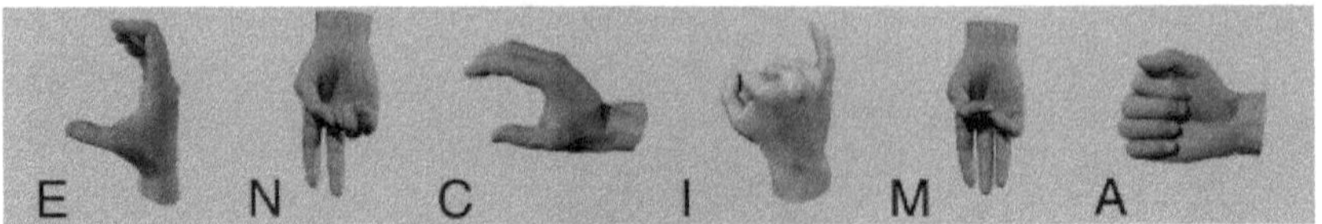

Se signa con la mano izquierda el objeto sobre el que hay que subir y se coloca la mano derecha encima en la posición que requiera el ejercicio.

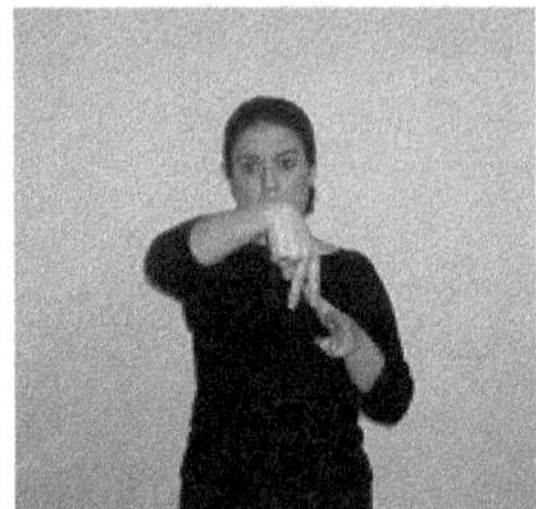

- LEJOS

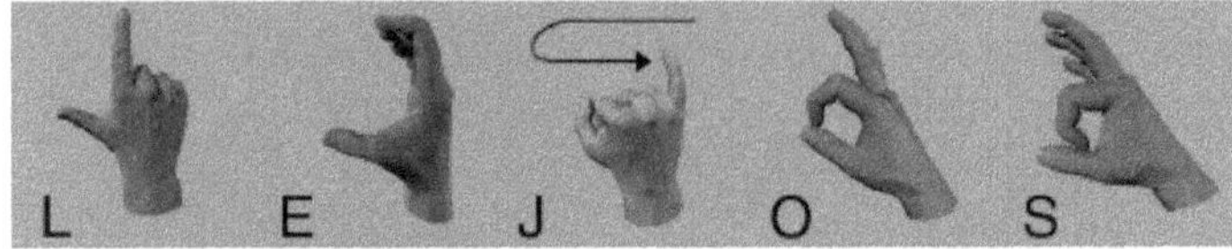

Mano derecha con los dedos índice y pulgar en forma de "V" junto a la mano izquierda que se sitúa con la palma en el pecho. Desde esta posición adelantar la mano derecha.

3.5.3.11. Pronombres interrogativos

- CÓMO

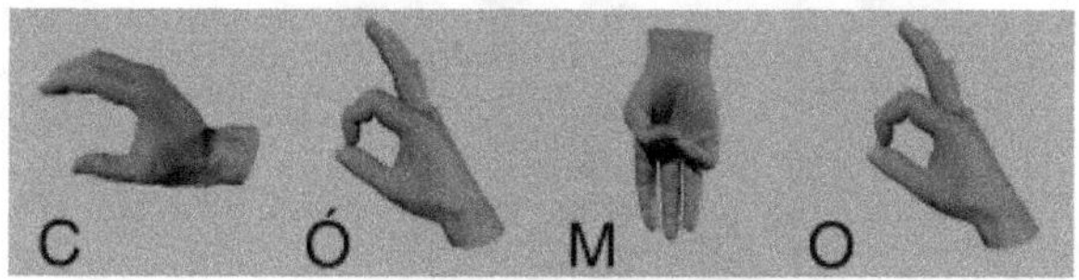

Con el dedo índice semiflexionado, tocar repetidas veces en la barbilla.

- CUÁL

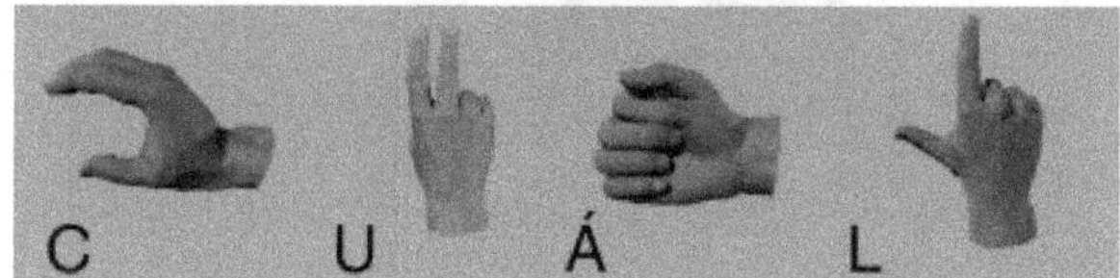

Con ambas mano mirando hacia abajo, girar las muñecas y colocar las palmas boca arriba.

- DÓNDE

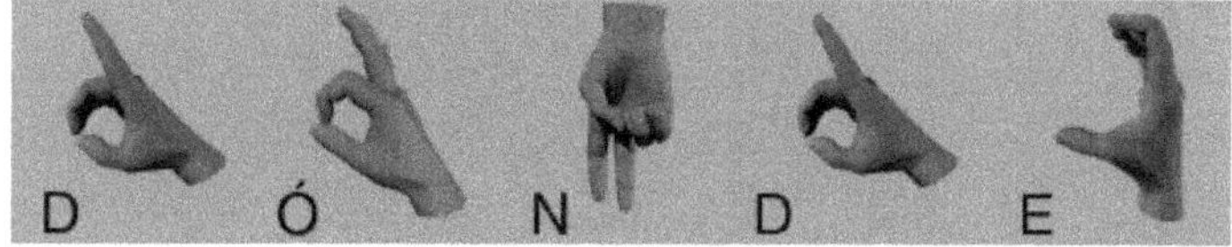

Tocar con los dedos de la mano derecha en la barbilla repetidas veces.

- PARA QUÉ

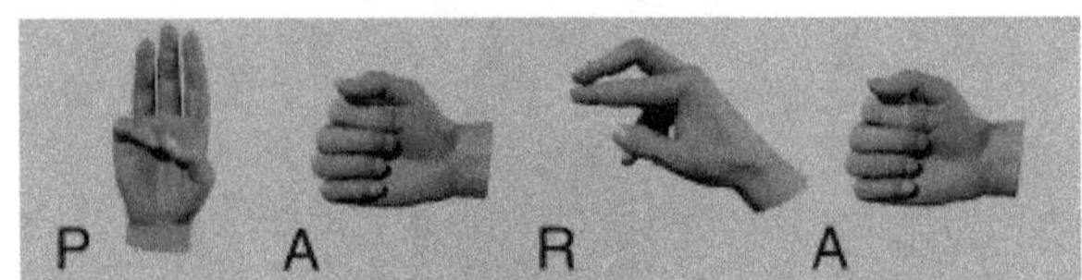

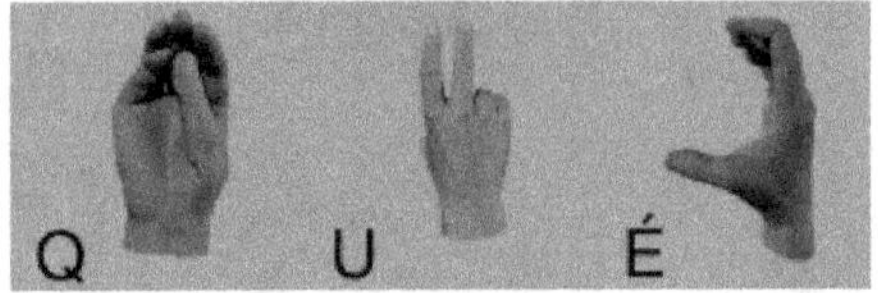

Golpear con los dedos unidos de la mano derecha en el dorso de la mano izquierda. A continuación realizar el signo QUÉ.

- QUÉ

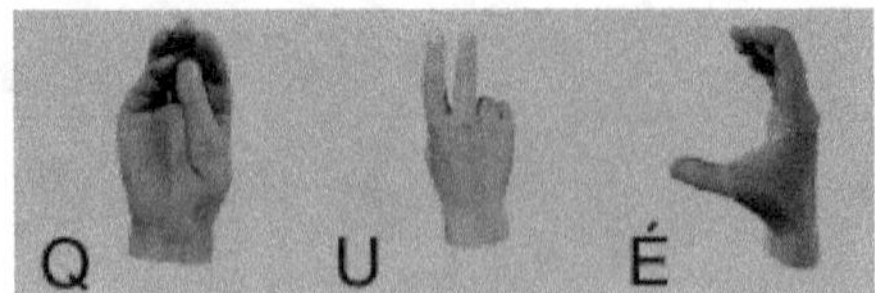

Con los dedos índice y pulgar unidos en círculo, realizar un movimiento firme de la mano hacia el lado izquierdo.

- QUIÉN

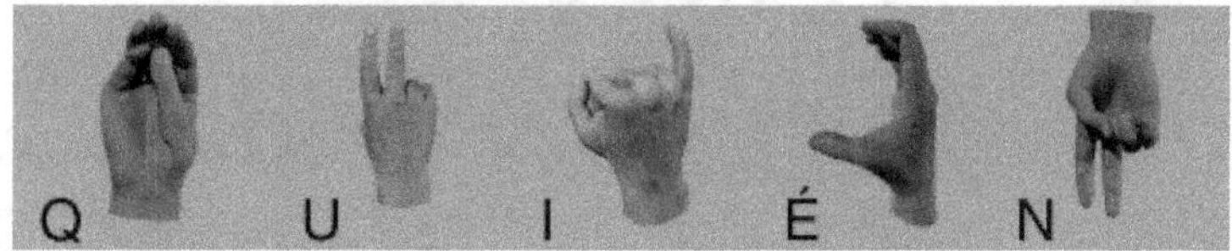

Con el dorso de la mano en contacto con la barbilla y el dedo anular sobre el pulgar, realizar un movimiento hacia abajo a medida que abrimos la mano.

3.5.3.12. Saludos y despedidas

- ADIÓS

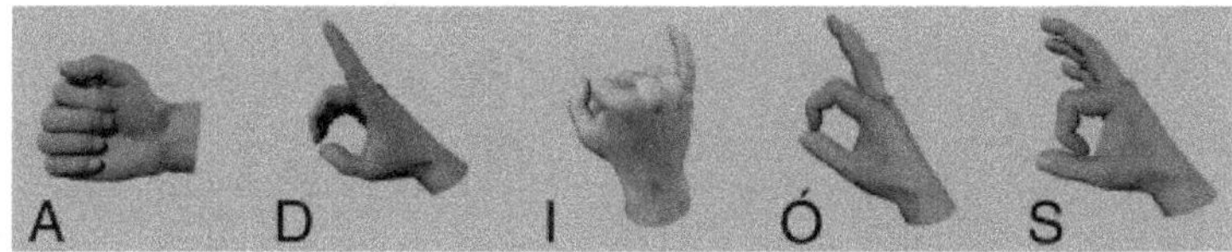

Realizar movimientos de derecha a izquierda con la mano abierta.

- BUENAS TARDES

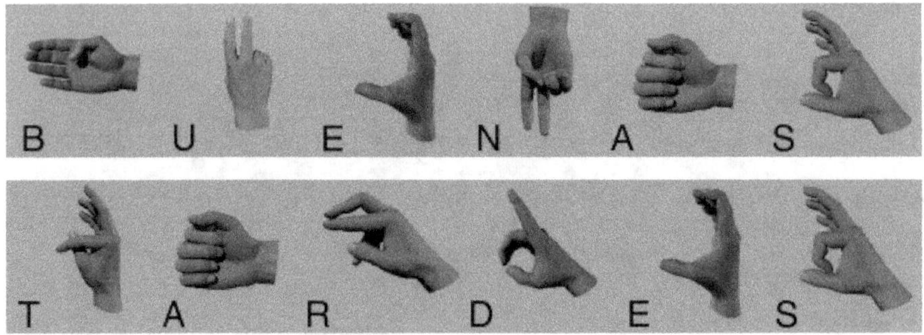

BUENAS: abrir todos los dedos unidos a la altura de la boca. TARDES: con el pulgar y el índice en círculo, hacer movimientos de arriba abajo.

- BUENOS DÍAS

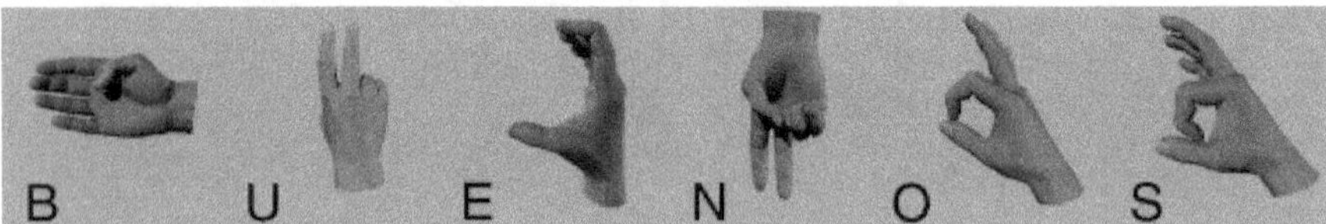

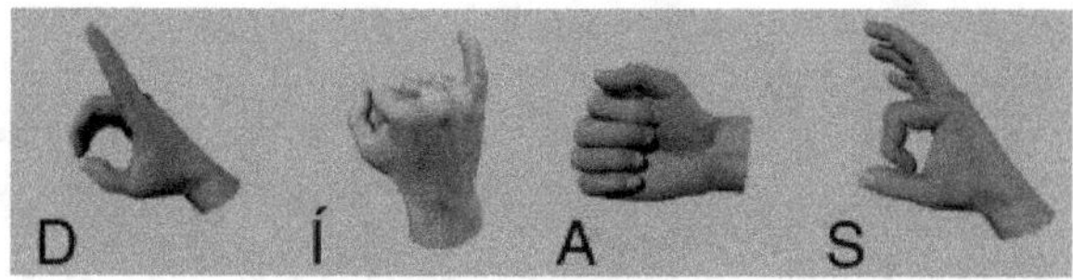

DÍAS: con ambas palmas de mano mirando al cuerpo, la derecha hace un cuarto de circunferencia hacia su lado original

 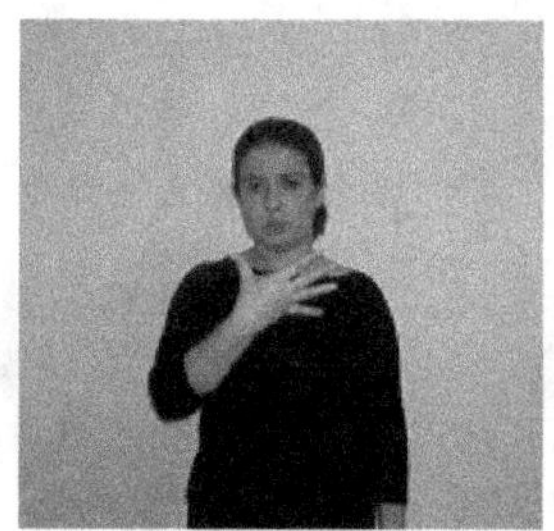 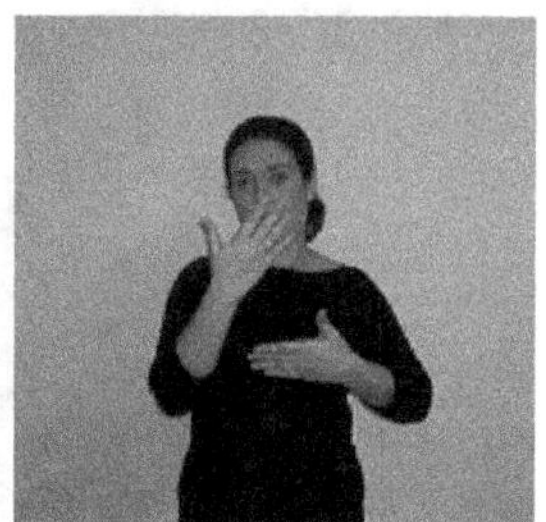

- HASTA MAÑANA

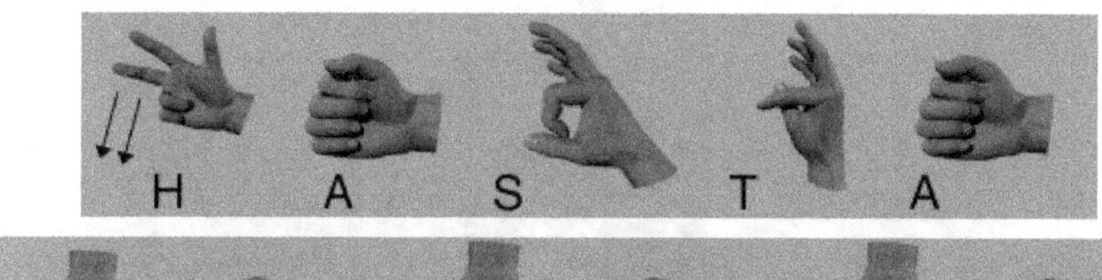

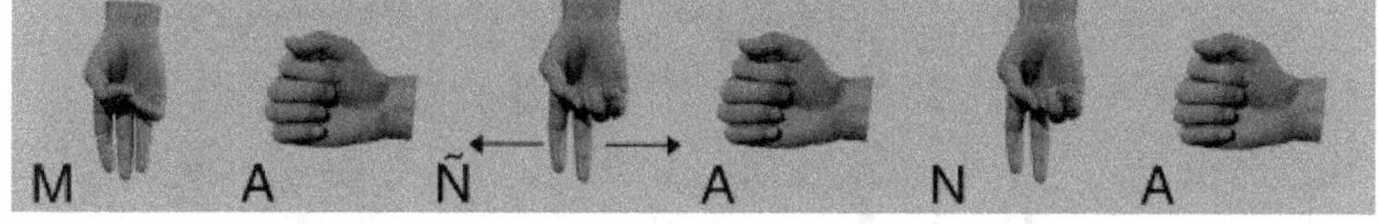

Giro de la muñeca hacia el frente terminando el movimiento tocándonos el pecho.

 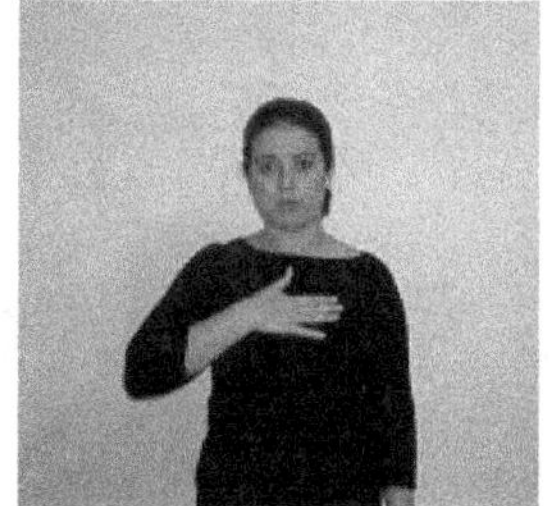

\- HOLA

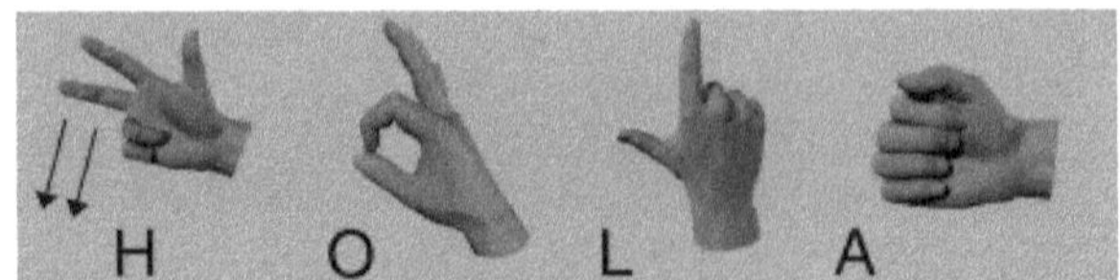

Con todos los dedos extendidos y unidos en contacto con la sién derecha, hacer un movimiento firme hacia delante (como el saludo militar).

3.5.3.13. Adjetivos

\- ANCHO / GRANDE

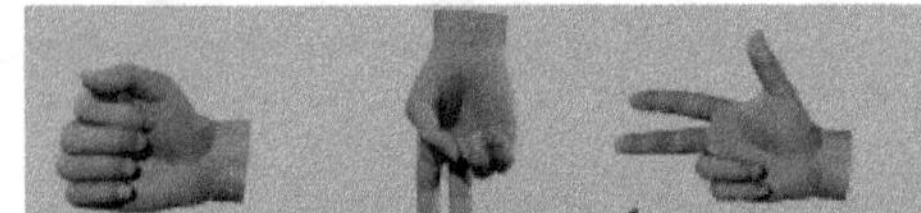

Con las palmas unidas en el centro, separarlas hacia los lados. El signo se acompaña de un gesto con la boca como si dijésemos "AFF".

\- DESPACIO

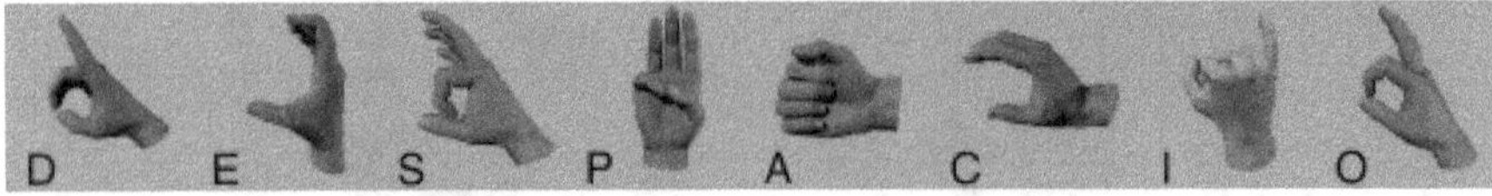

Con las palmas mirando hacia abajo, hacer movimientos lentos de arriba y abajo.

- DIFÍCIL

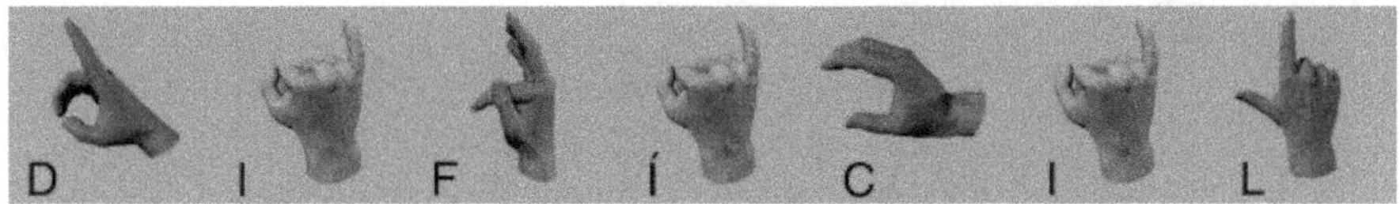

Con el dedo índice semiflexionado, tocar la barbilla repetidas veces. Acompañar el gesto con cara de extrañeza.

- FÁCIL

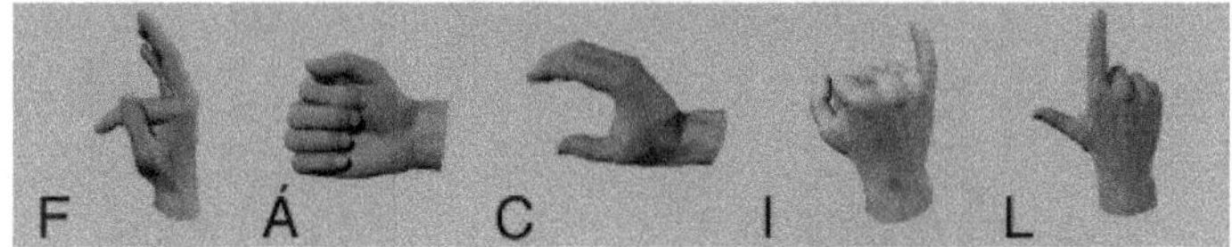

Pasar los dedos índice y pulgar a cada lado de la barbilla uniéndolos frente a la cara.

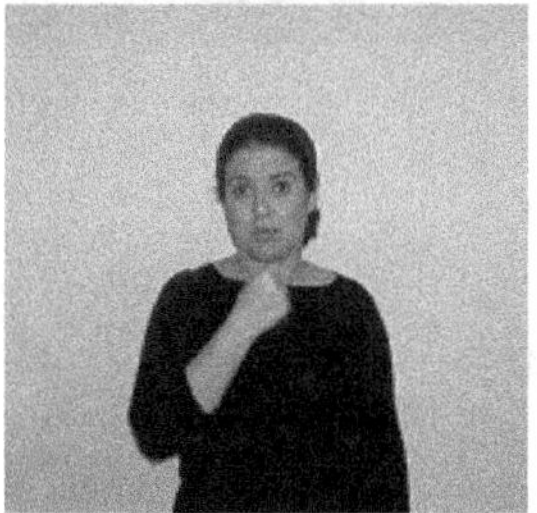

- HASTA EL FINAL

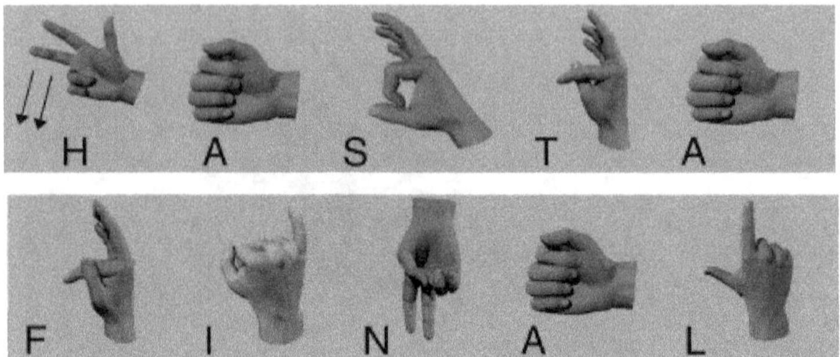

Esta expresión se compone de dos signos. HASTA: con las dos palmas enfrentadas, girar la derecha y colocar el dorso detrás de la palma izquierda. FINAL: con los índices unidos, adelantar la mano derecha al frente.

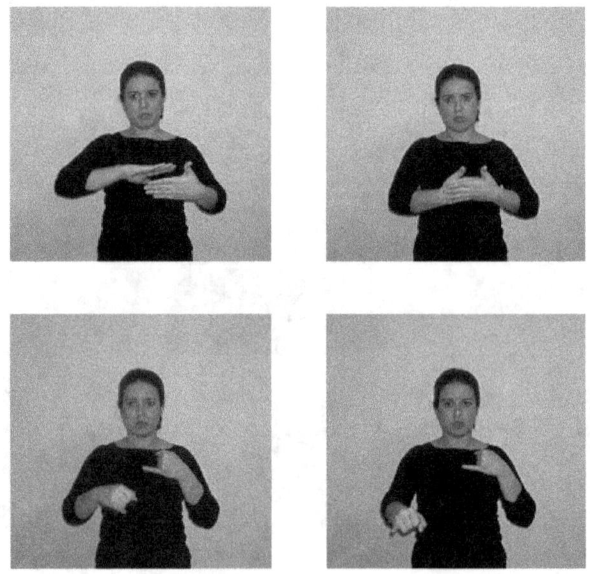

- LARGO

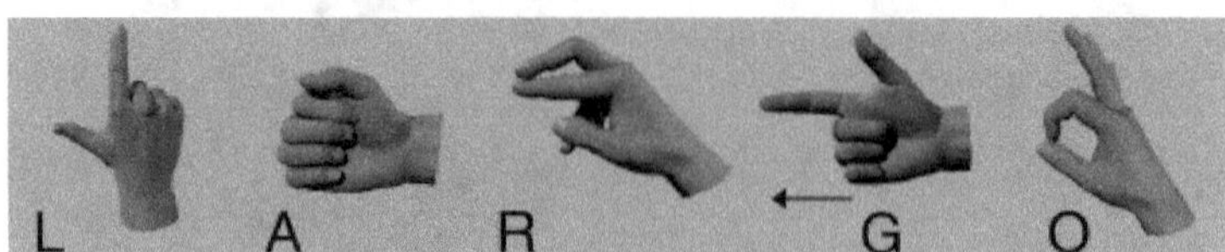

Con los dedos índice unidos en el centro, separarlos a los lados.

- LENTO

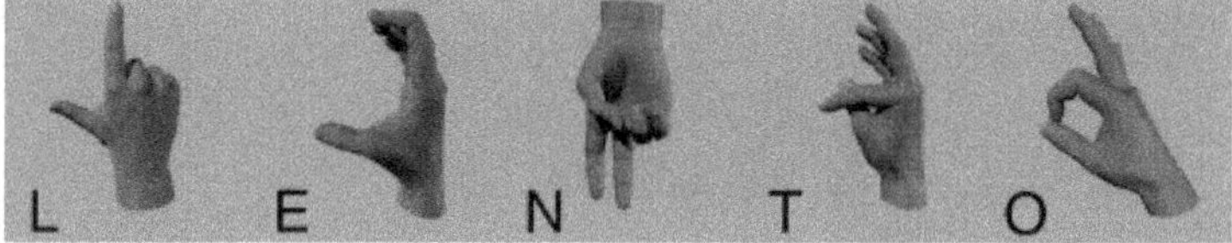

Con los dedos pulgar, índice y corazón extendidios, colocar el pulgar sobre la palma derecha y mover los otros dos arriba y abajo.

- MAL

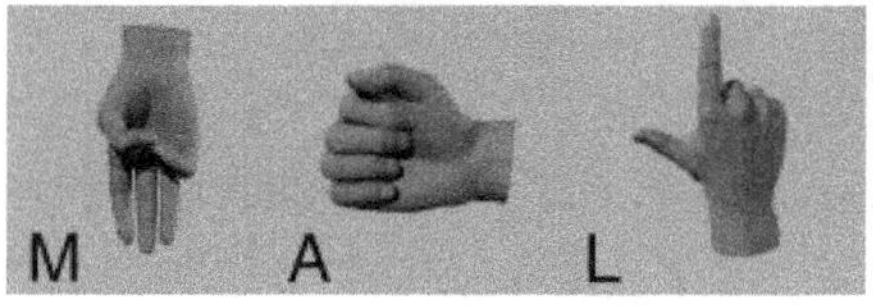

Con los dedos índice y meñique extendidos, tocar repetidas veces en la barbilla.

- PEQUEÑO

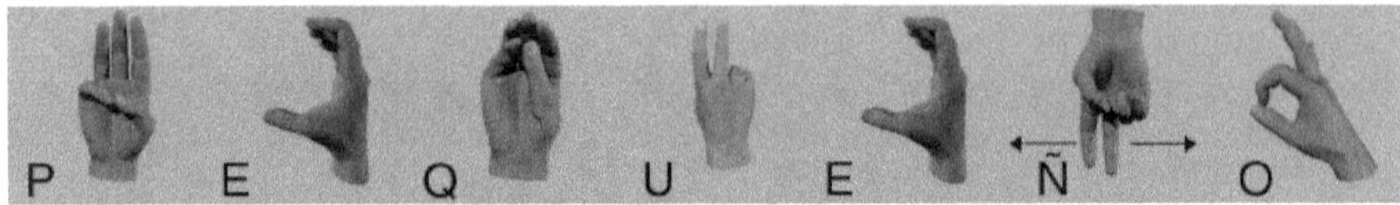

Con las manos en curva, realizar movimientos hacia el centro. Acompañar el gesto encogiendo los hombros y el rostro.

- RÁPIDO

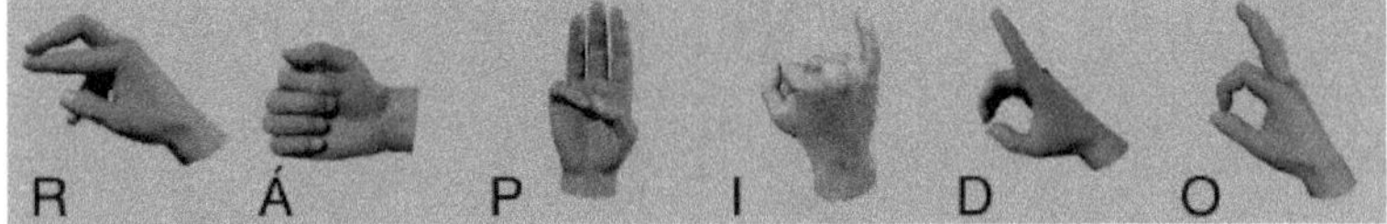

Con la palma derecha sobre la izquierda y perpendicular a ella, desplazarla hacia el hombro derecho rápidamente.

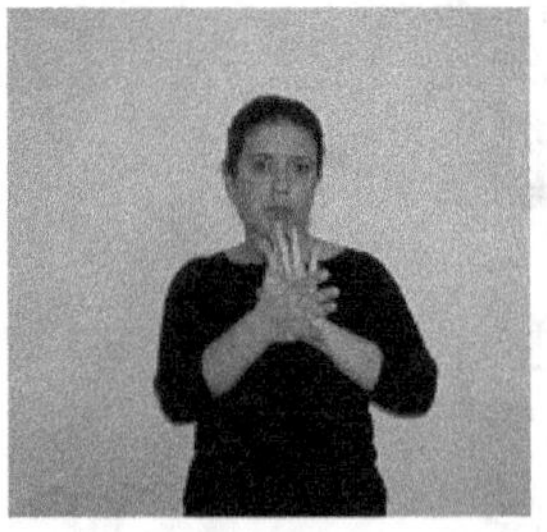

- RECTO

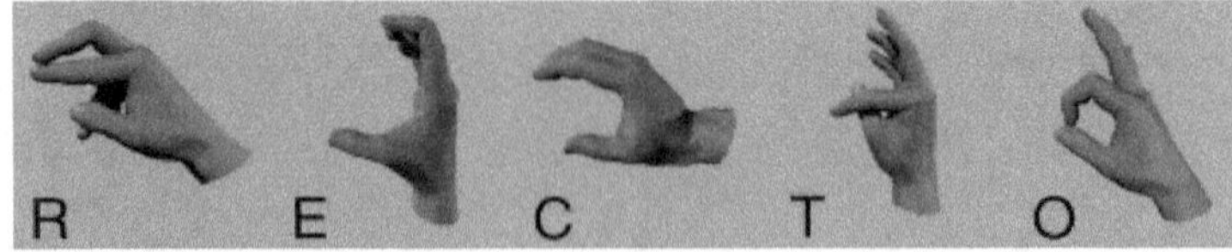

Con ambas manos paralelas en el centro, realizar giros de las muñecas arriba y abajo.

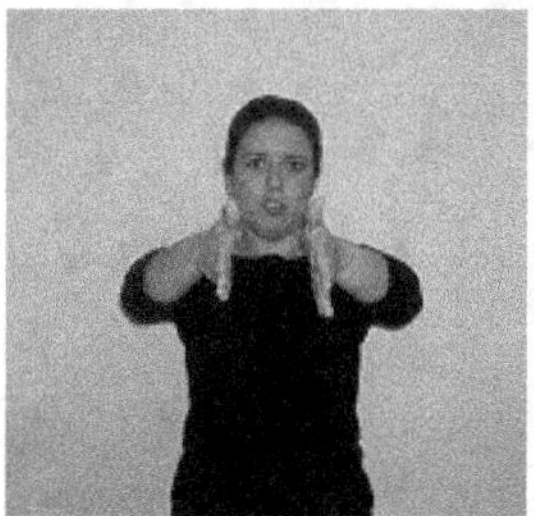

- REGULAR

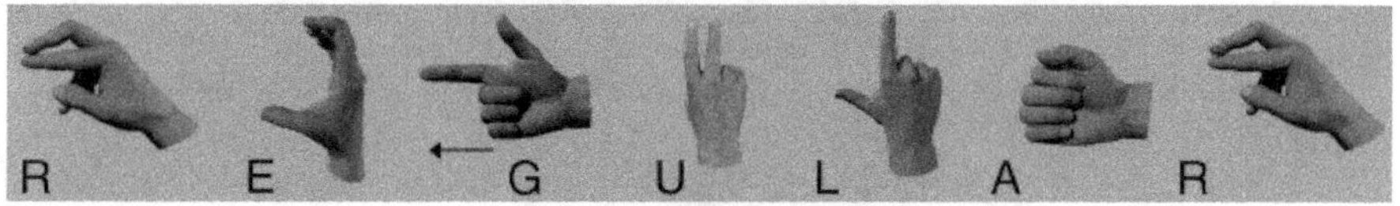

Con todos los dedos abiertos, girar la muñeca de derecha a izquierda.

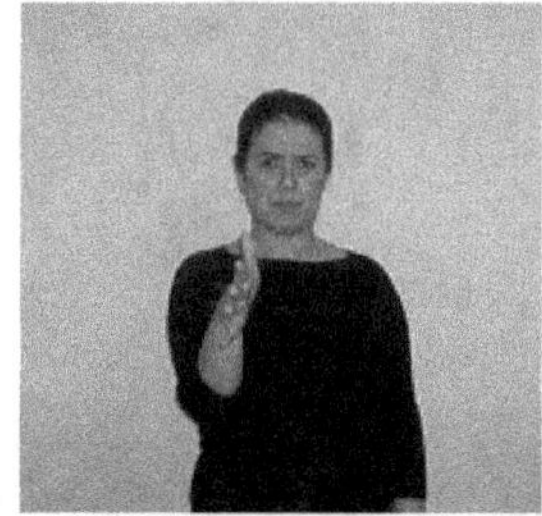

- SOLO / A

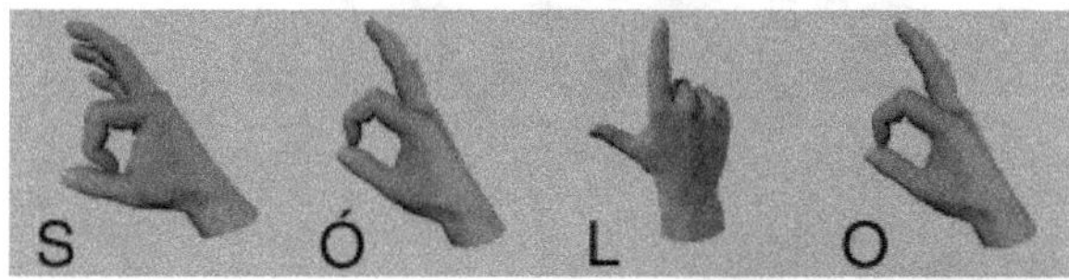

Con el dedo índice mirando hacia arriba, dar varios giros de muñeca.

3.5.3.14. Otras palabras

- A PATA COJA

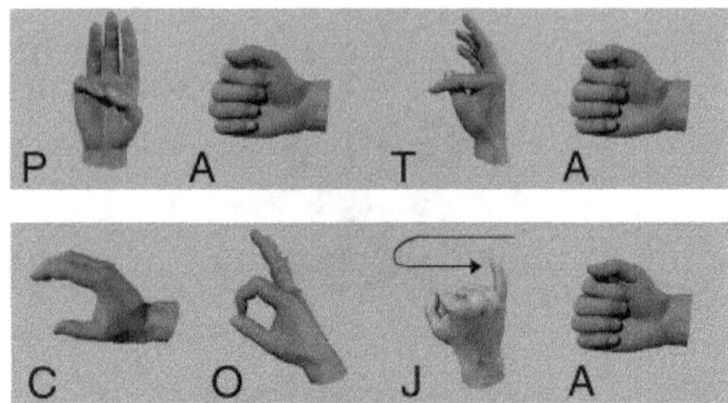

Con clasificador. Colocar el dedo índice flexionado y el corazón extendido sobre la palma izquierda.

- AGUA

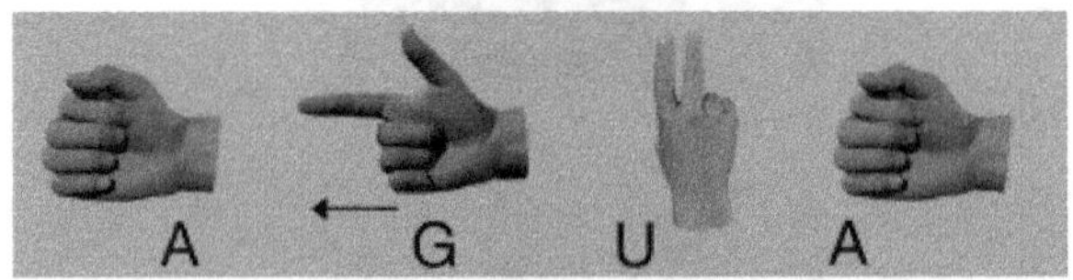

Con los dedos en forma de semicírculo, llevarlos hacia la boca (como si bebiésemos de un vaso).

- ARO

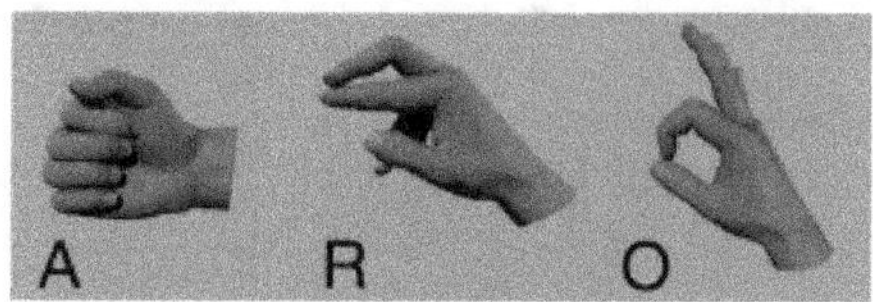

Con los dedos índice y pulgar de cada mano extendidos, establecer los bordes de una circunferencia.

- BANCO

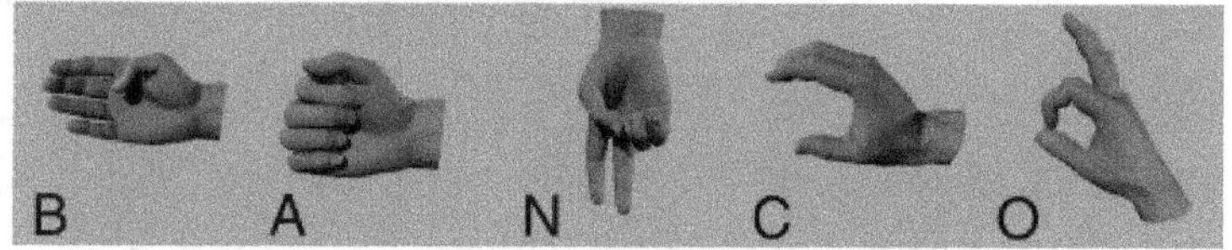

Con los dedos índice y pulgar extendidos, separar las manos a cada lado.

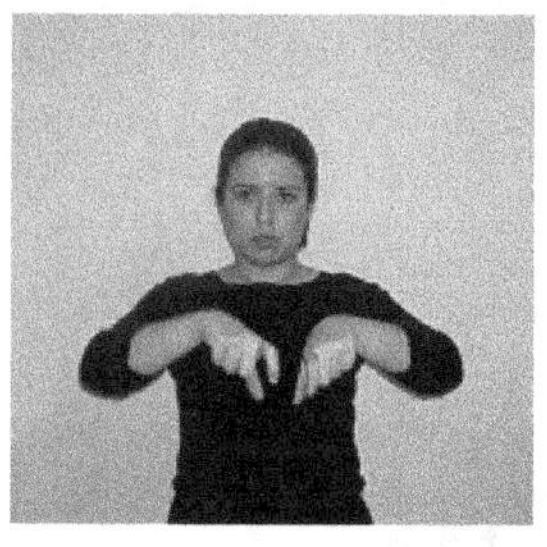 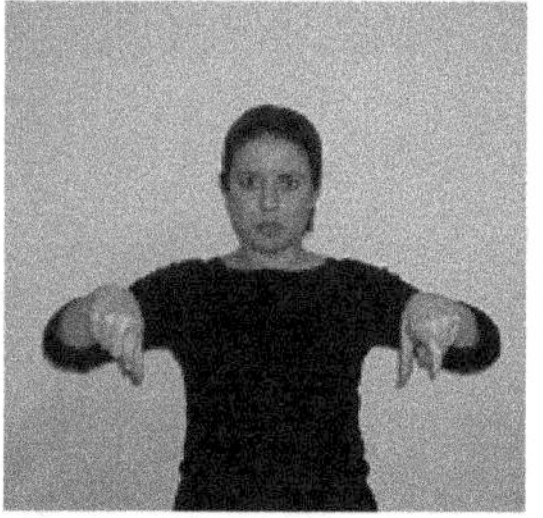

- BANDERA

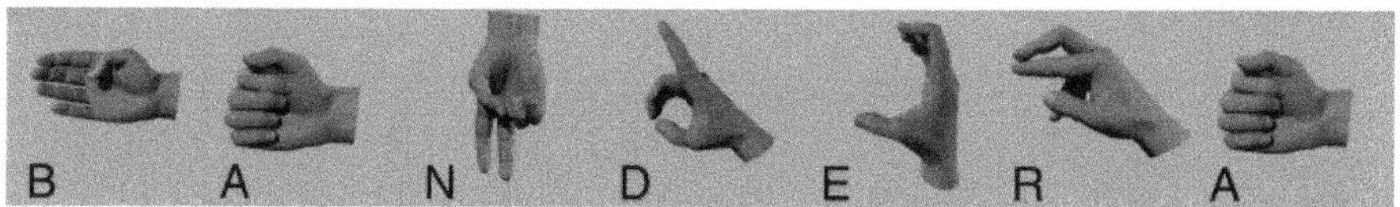

Con la mano izquierda en el codo derecho flexionado, mover la mano derecha de izquierda a derecha.

- BALONCESTO / CANASTA

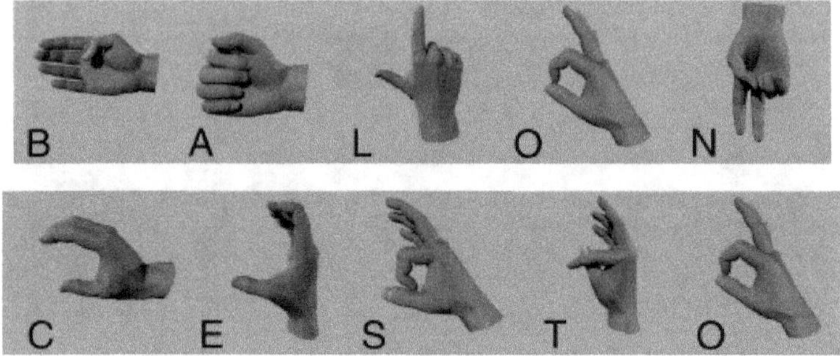

Signar con la mano izquierda un semicírculo e introducir en él el puño derecho de ariba abajo

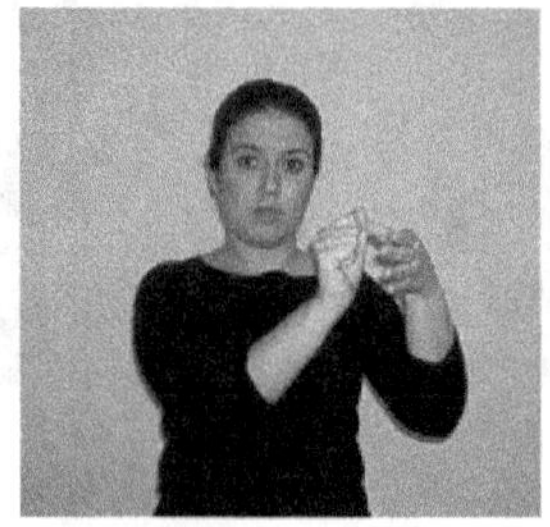

- CAMISETA

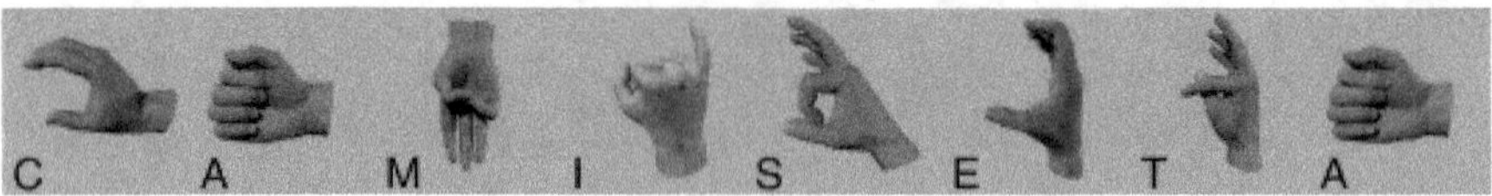

Con el dedo índice extendido, bordear el cuello de la camiseta circularmente.

- COLCHONETA

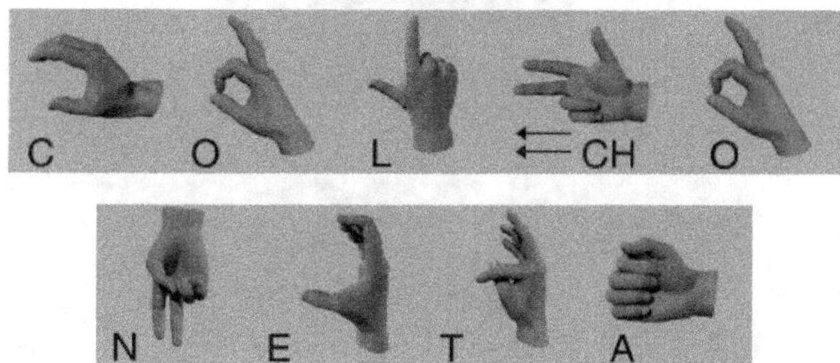

Como si pinzásemos un colchón blando delante nuestra entre los dedos.

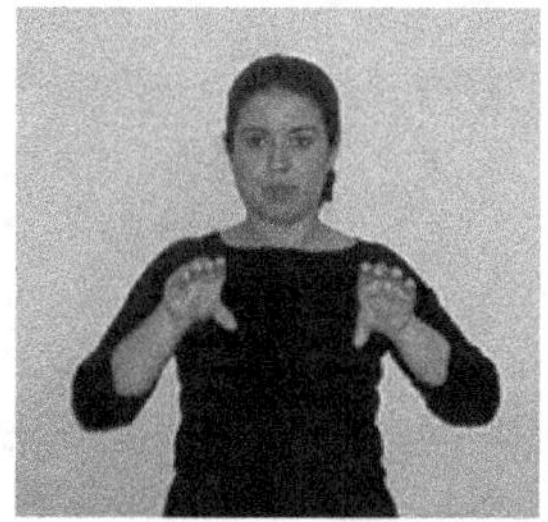

- COMPAÑERO

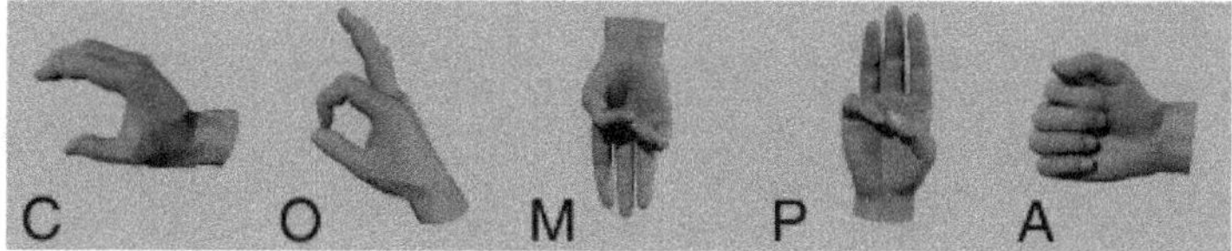

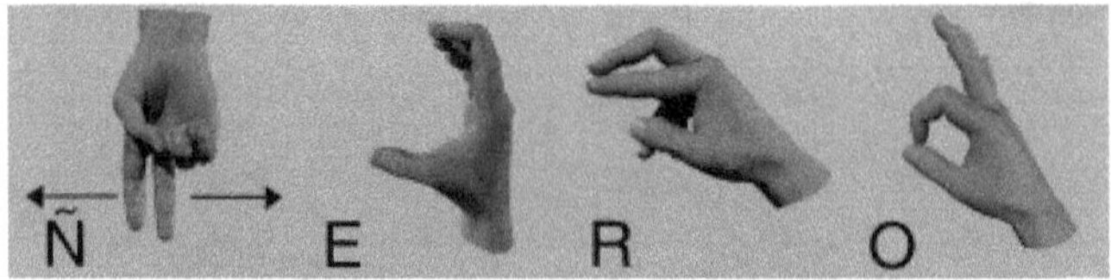

Chocar las palmas de las manos en el centro.

- CUERDA

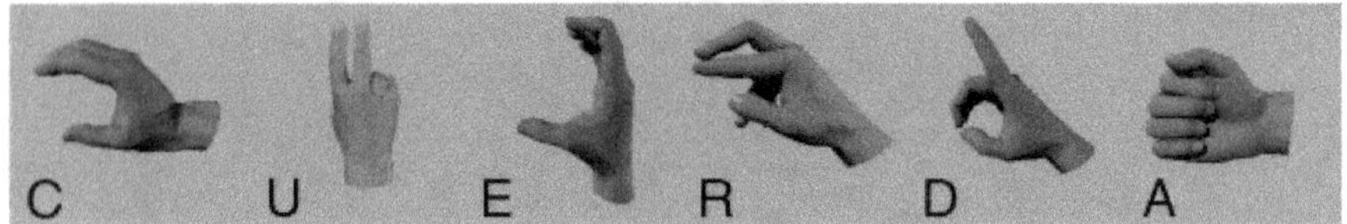

Con los dedos índices extendidos y unidos en el centro, separarlos a los lados.

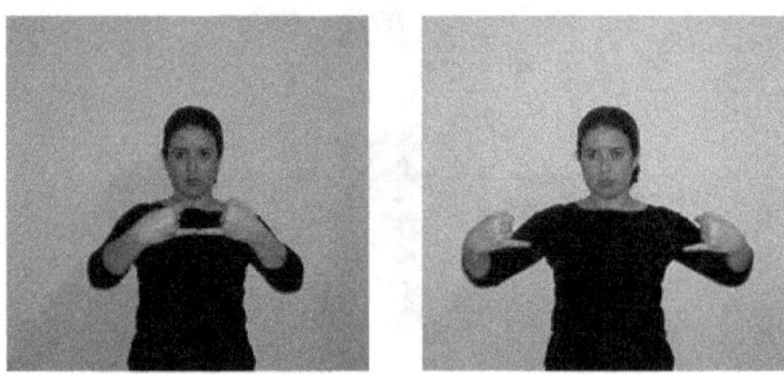

- ENEMIGO

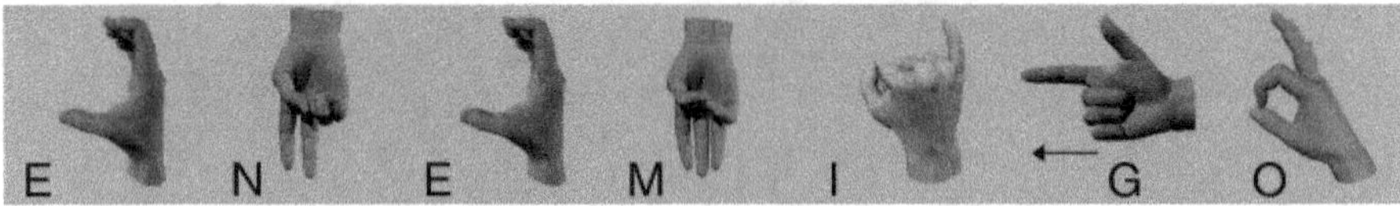

Con clasificador. Chocar las manos con los índices extendidos. Acompañar gesto con rostro enfadado.

- EQUIPO / GRUPO

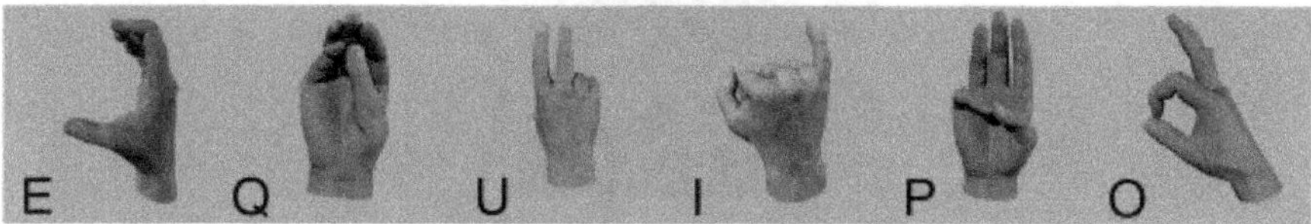

Hacer un círculo con ambas manos semiflexionadas.

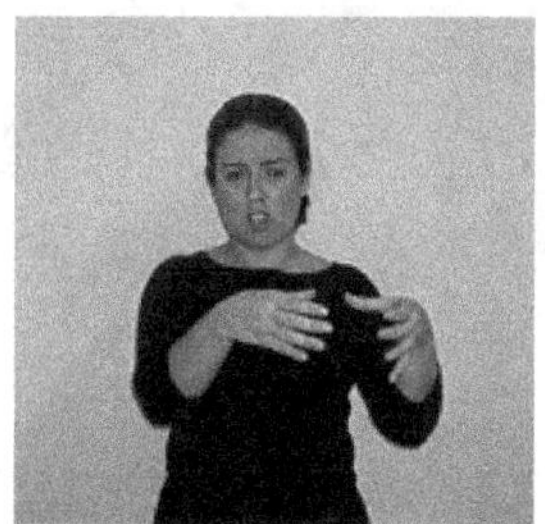

- ESQUINA

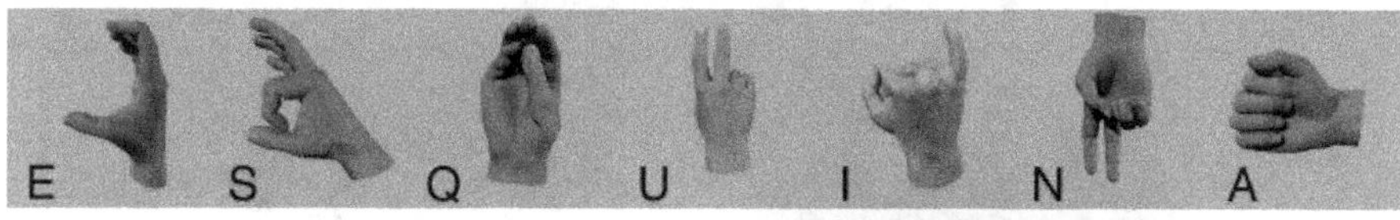

Colocar los dedos de la mano derecha junto a los de la izquierda formando un ángulo recto.

- FÚTBOL

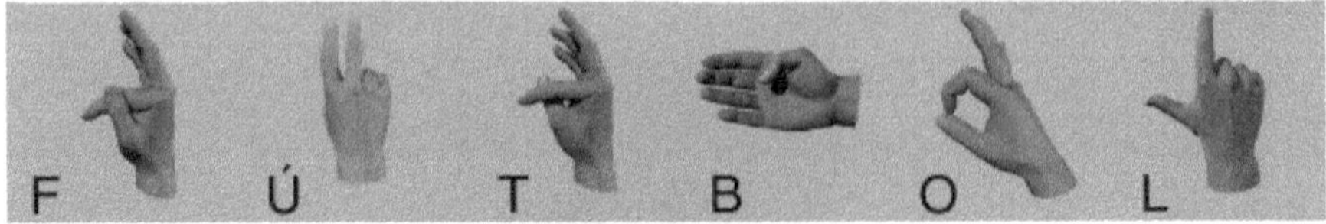

Golpear la palma de la mano izuqierda con el dorso de los dedos índice y corazón en forma de "V".

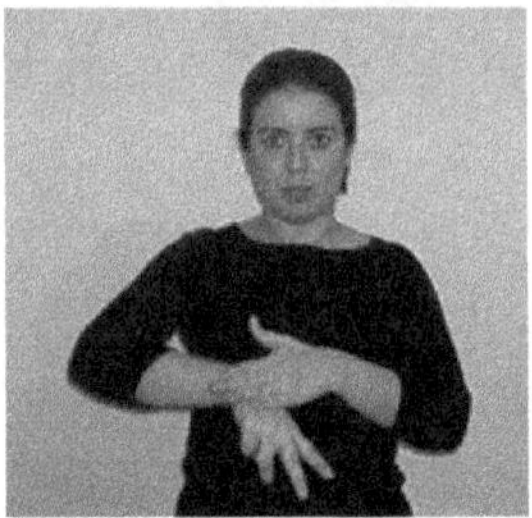

- GLOBO

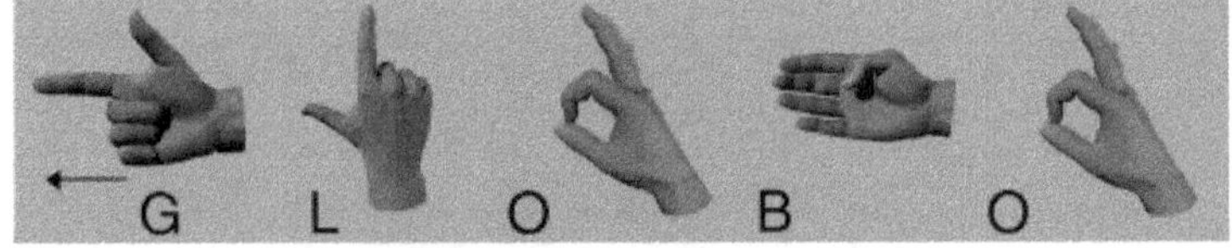

Con las dos manos cerradas en la boca, soplar y desplazarlas hacia los lados formando un círculo.

- LANZAMIENTO CON EL PIE (PATADA)

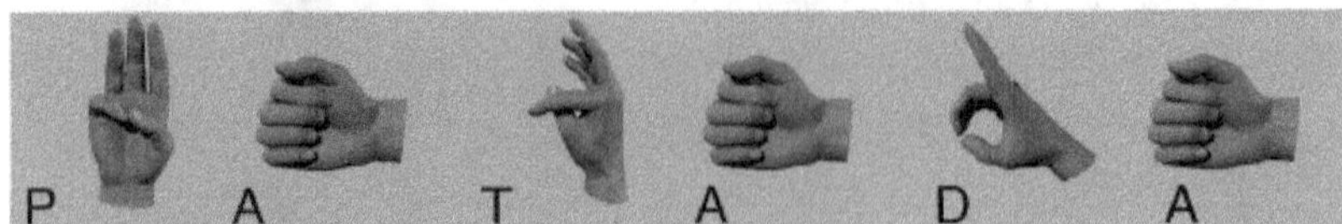

Con clasificador. Mover uno de los dedos de atrás hacia delante.

- PAÑUELO

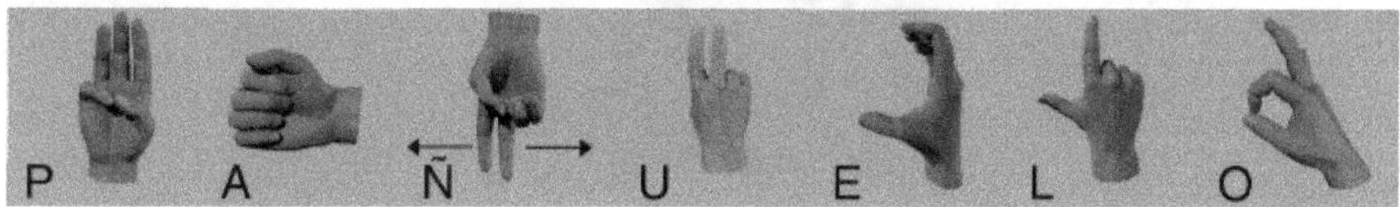

Atrapar la nariz entre los dedos.

- PAPEL

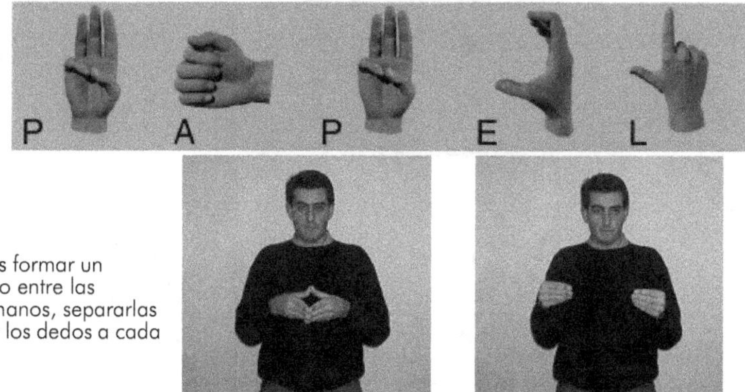

Tras formar un rombo entre las dos manos, separarlas y unir los dedos a cada lado.

- PAREJA

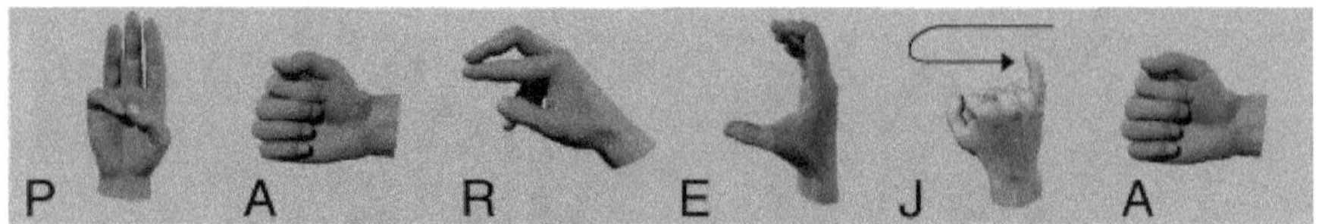

Chocar y separar los dedos índice y corazón extendidos.

- PELOTA

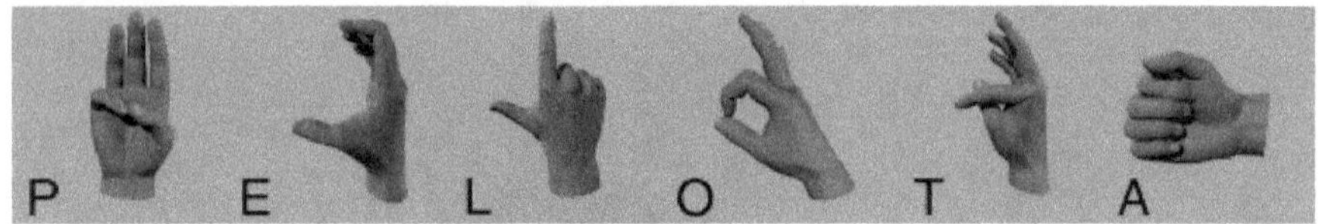

Formar un círculo con ambas manos semiflexionadas.

- PICA

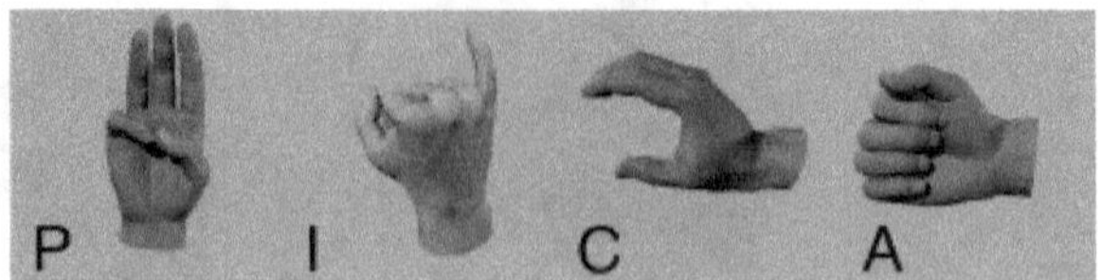

Con los dedos índice y pulgar en círculo y unidas ambas manos, separarlas a los lados.

- PORTERÍA

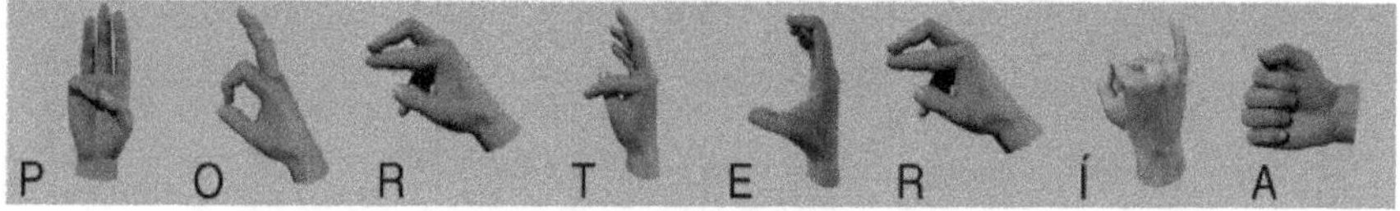

Con los dedos índice unidos en el centro, desplazarlos a los lados y abajo formando la silueta de la portería.

- PUNTO

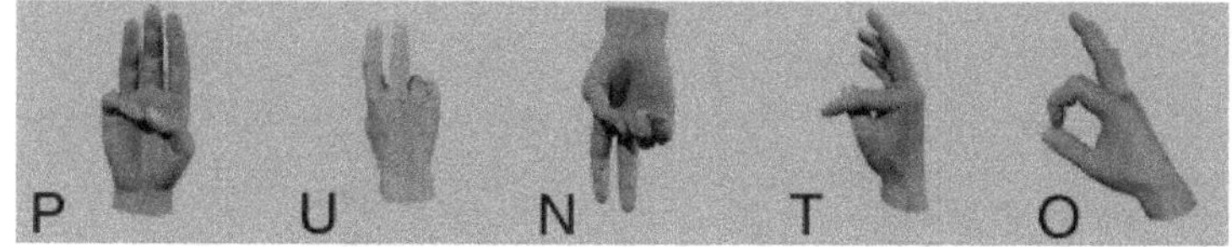

Con los dedos índice y pulgar unidos, realizar movimientos cortos hacia delante.

- RAQUETA / PALA

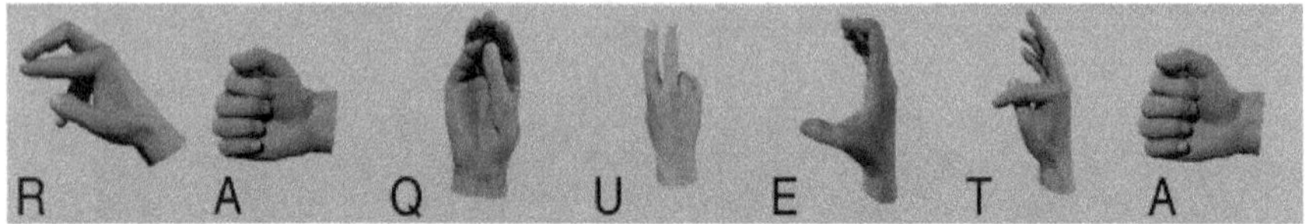

Con el puño cerrado, realizar un movimiento hacia delante desde la cadera.

- RED

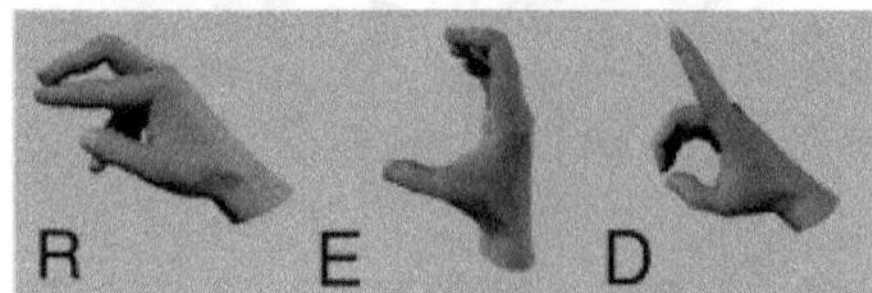

Con todos los dedos extendidos, cruzar las manos en el centro con las palmas mirando hacia nosotros.

- RELEVO

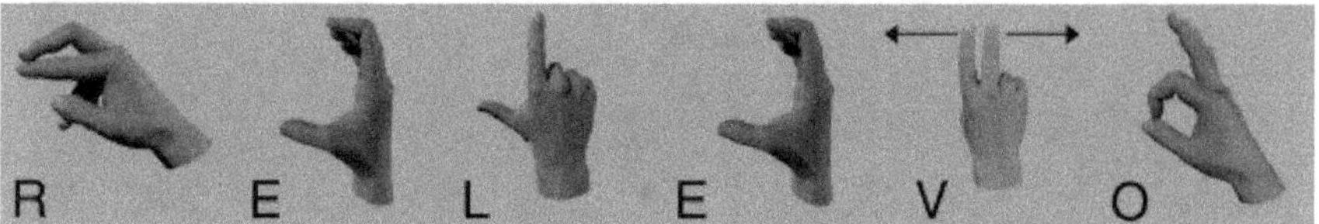

(Ver página 30)

- RELOJ

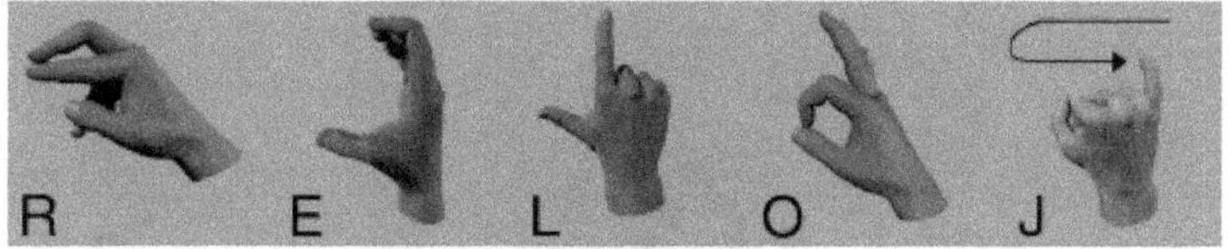

Señalar con el dedo índice la muñeca izquierda.

- SILLA

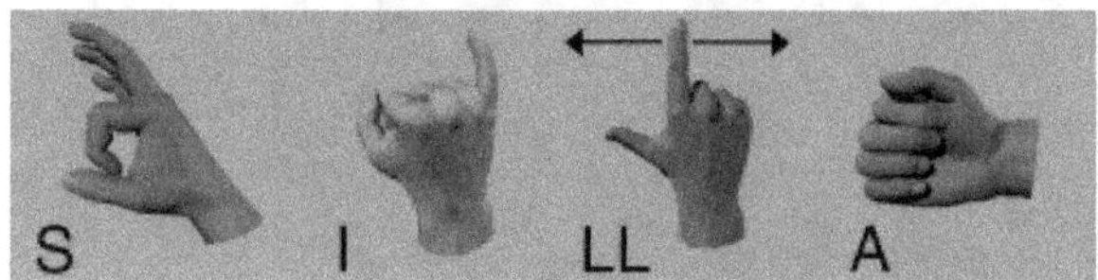

Con los dedos índice y corazón en forma de "V" y el pulgar también extendido, realizar un movimiento firme de las manos arriba y abajo.

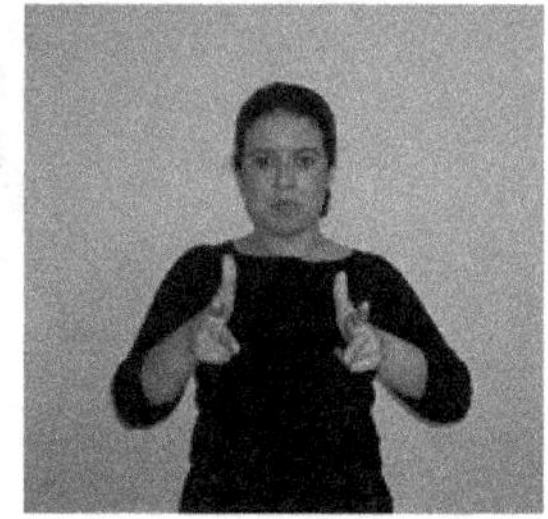

109

- SUELO

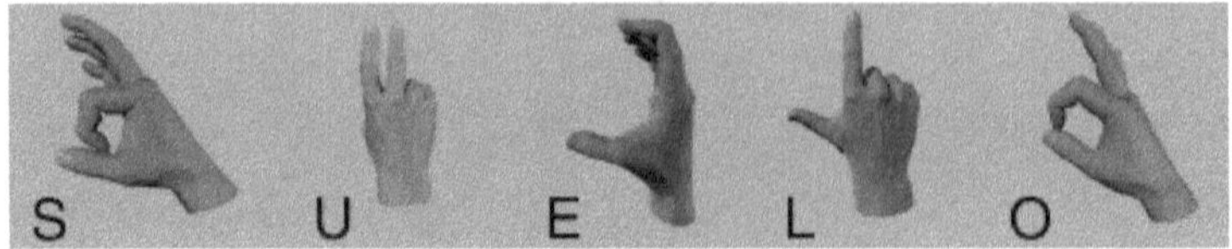

Señalar con el dedo índice hacia abajo.

- TECHO

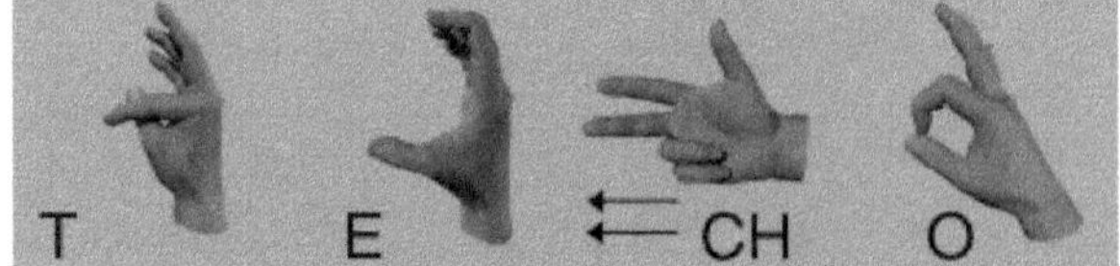

Señalar con el dedo índice hacia arriba.

- TRÍO

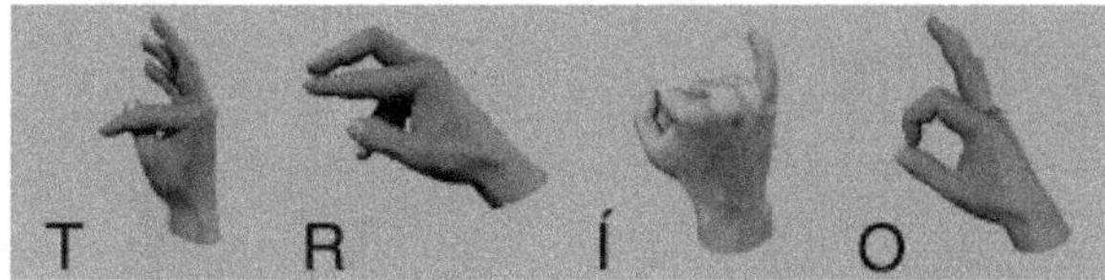

Extender tres dedos.

- ZAPATO

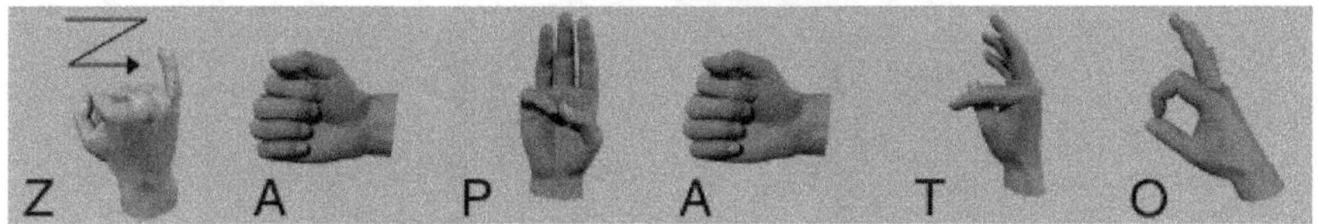

Chocar los dedos de la mano derecha con la palma izquierda transversalmente.

- ZIG-ZAG

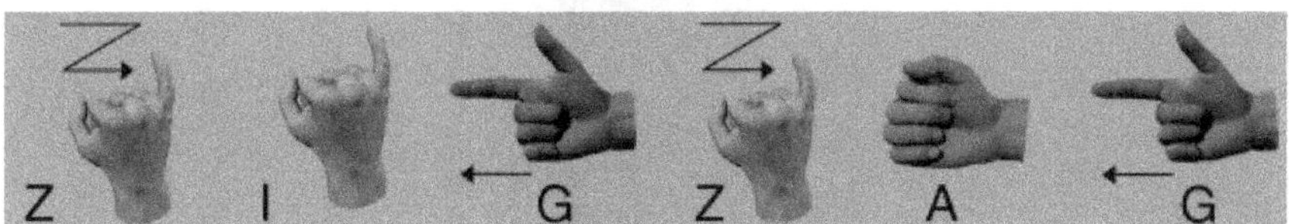

Señalar con el dedo índice el recorrido de derecha a izquierda.

3.5.3.15. Otras frases

- DE ACUERDO

Con ambos puños cerrados, dejar caer los brazos hacia el centro.

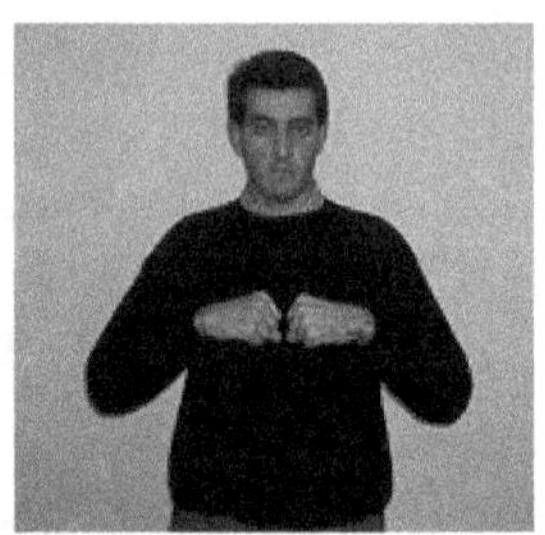

- SÍ

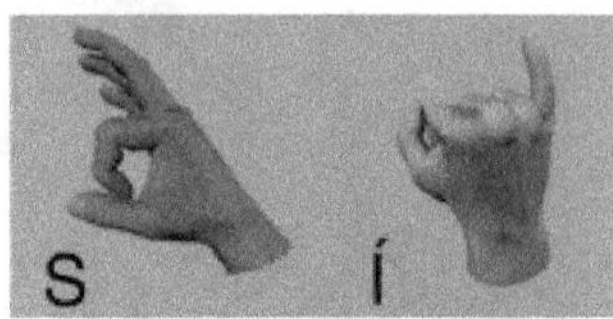

Con la palma abierta y mirando al frente, llevar el dedo corazón hacia abajo chocándolo con el pulgar.

- TE HAS EQUIVOCADO

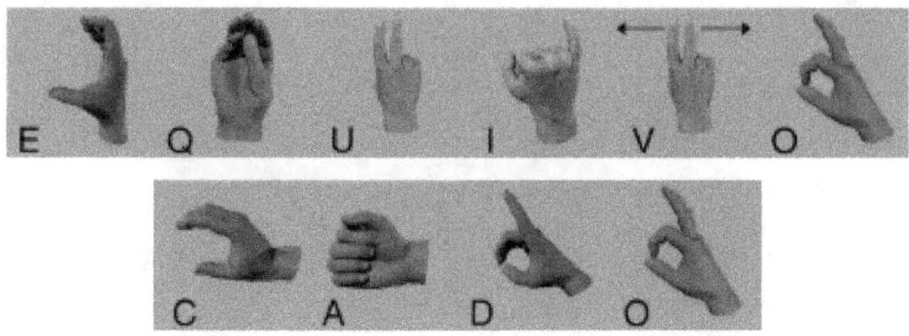

Con los dedos índice y pulgar en círculo, llevar las manos cruzadas al centro hasta cruzarlas.

3.6. JUEGOS Y ACTIVIDADES PARA SORDOS
3.6.1. EJERCICIOS DE EQUILIBRIO
3.6.1.1. En el suelo

1. Pintar una raya en el suelo y caminar por ella sin salirse.

2. Igual que en el ejercicio anterior pero ahora nos desplazamos corriendo a diferentes velocidades.

3. Mantenerse en equilibrio sobre una pierna con la otra levantada al frente.

4. Mantenerse en equilibrio sobre una pierna agarrándonos la otra por detrás con una mano, como si estuviésemos estirando el cuádriceps.

5. Igual que el ejercicio anterior pero ahora agarramos la pierna flexionada con las dos manos.

6. Desplazarnos agarrándonos una pierna flexionada por detrás.

7. Saltar y caer sobre una pierna manteniendo el equilibrio.

8. Saltar haciendo un giro en el aire y caer en equilibrio.

9. Igual que el ejercicio anterior pero caemos con una pierna.

10. Saltar desde una marca en el suelo y hacer un giro en el aire para caer de nuevo sobre la misma.

11. Desplazarse a pata coja golpeando un objeto hacia los lados.

12. Mantenerse sobre una pierna con el cuerpo lo más cercano posible a la horizontal (como hacen las patinadoras).

13. Desplazarnos saltando sobre una línea con los pies juntos sin salirse de ella.

14. Desplazarnos saltando sobre una línea realizando un giro de 180 grados en el aire.

15. Igual que el ejercicio anterior pero dando un giro de 360 grados.

16. A pata coja, agacharse lo máximo posible sin perder el equilibrio y volver a la posición inicial. Variante: se puede modificar el centro de gravedad indicando que cierren o abran los brazos.

17. Avanzar por una línea pintada en el suelo a pata coja sin salirse de ella.

18. Avanzar por un línea a pata coja pero marcha atrás.

19. A pata coja, agacharse a recoger un objeto flexionando la pierna.

20. Igual que el ejercicio anterior, pero ahora nos inclinamos hacia delante.

21. Ambos jugadores con los pies en una misma línea recta. Intentar desequilibrar al contrario mediante empujones.

22. Igual que el ejercicio anterior pero ahora los jugadores se agarran por encima de las muñecas e intentan tirar del contrario para desequilibrarlo.

23. En cuclillas, intentar derribar a un contrario que se coloca frente a nosotros con pequeños empujones.

24. Ambos jugadores sobre una línea. Intentar tocar la espalda del contrario.

25. Dejarse caer sobre un compañero como si fuésemos una tabla para que este nos devuelva a la posición inicial. Este ejercicio también se puede realizar por grupos, siendo enviado el del centro en cualquier dirección.

26. Por parejas, extender una pierna al frente agarrando la del contrario y mantener el equilibrio.

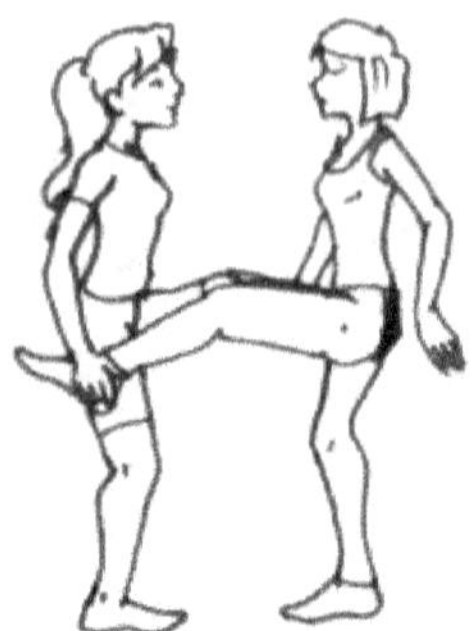

27. Igual que el ejercicio anterior pero ahora nos desplazamos por todo el espacio sin chocar con otras parejas.

28. Hacer figuras de equilibrio por parejas. Cada jugador sólo puede mantener un pie en el suelo. También se pueden intentar figuras más complicadas por tríos o grupos más numerosos.

29. Con los pies fijos en el suelo inclinar el resto del cuerpo hacia un lado (izquierda, derecha, adelante, atrás) sin perder el equilibrio.

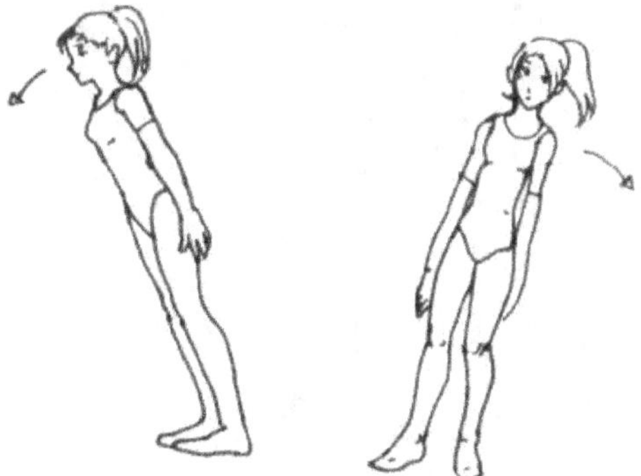

30. En cuclillas, colocamos las dos manos y la cabeza en el suelo formando un triángulo. Desde esta posición y con un pequeño impulso intentamos levantar las piernas a dos cuartas del suelo.

31. En la misma posición inicial que el ejercicio anterior, pero ahora intentamos levantar las piernas hasta colocarnos perpendiculares al suelo. Un compañero nos ayudará agarrándonos la cintura y después manteniéndonos en equilibrio sujetando por los tobillos.

32. Igual que el ejercicio anterior pero ejecutando el equilibrio sin la ayuda del compañero.

33. Una vez obtenido el equilibrio de tres apoyos abrir las piernas.

34. Dar un paso al frente colocando las dos manos en el suelo y elevando las piernas por encima de la cintura.

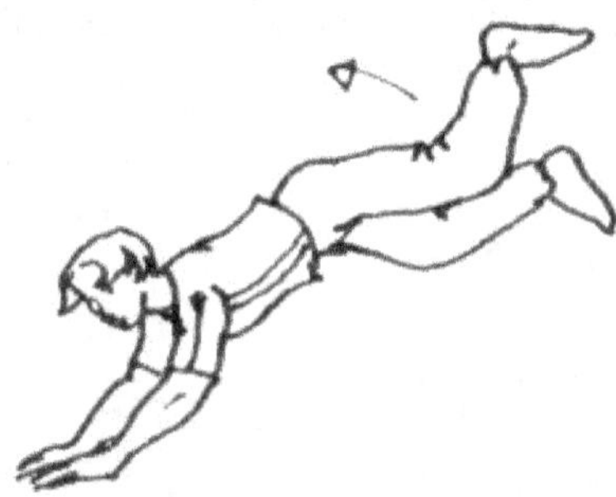

35. Igual que el compañero nos d e s p u é s de los tobillos.

ejercicio anterior pero ahora un ayuda agarrándonos por la cintura y manteniéndonos rectos por encima

36. Dar un paso al frente junto a una pared equilibrio invertido de dos apoyos, colocando sobre la pared.

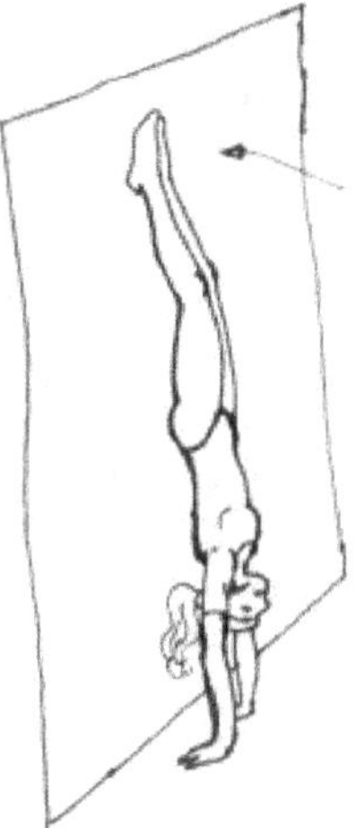

haciendo un las dos piernas

37. Sin ayuda, realizar un apoyo invertido a dos manos manteniéndose en él el mayor tiempo posible.

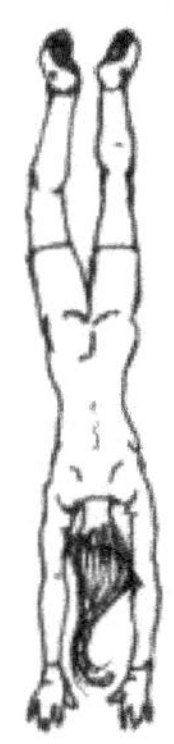

125

38. Tras haber realizado un apoyo invertido a dos manos intentar caminar hacia delante.

3.6.1.2. Sobre objetos

39. Mantenerse de pie en un banco sueco.

40. Cruzar un banco sueco de lado a lado.

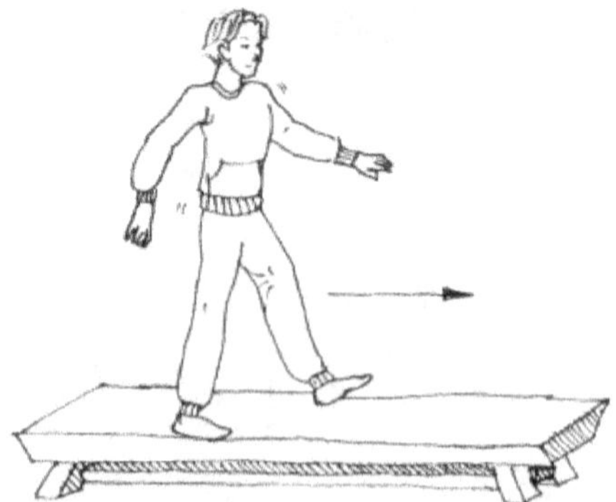

41. Saltar un banco sueco y caer en equilibrio con ambas piernas.

42. Igual que el ejercicio anterior pero ahora caemos con una pierna.

43. Saltar un banco sueco realizando un giro de 180 grados sobre él, cayendo de forma equilibrada con ambas piernas.

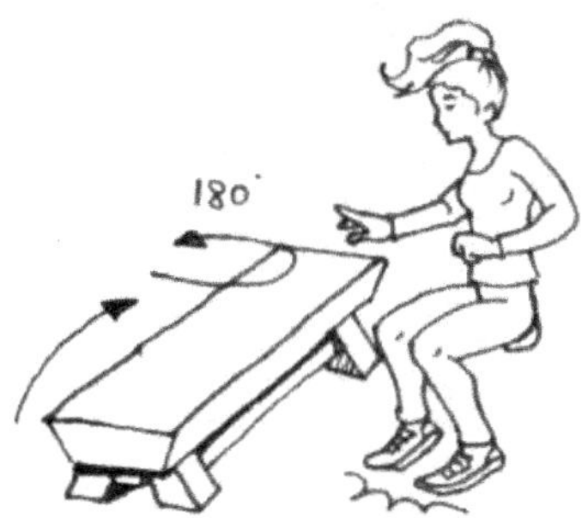

44. Igual que el ejercicio anterior pero ahora caemos con una pierna.

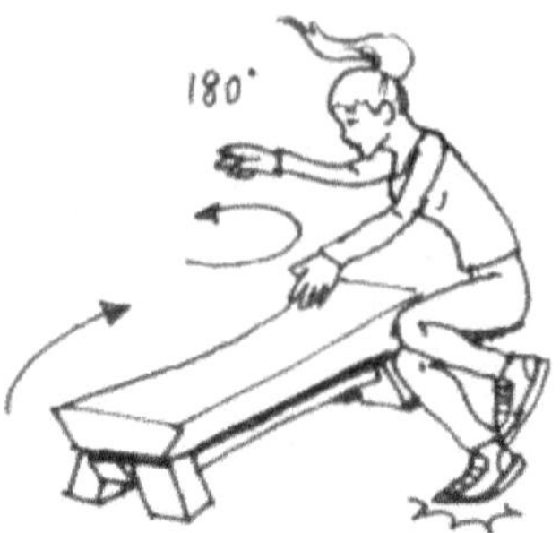

45. Saltar una pelota de un lado a otro sin parar con los pies juntos.

46. Saltar una pelota de lado a lado sin parar a pata coja. Realizar el ejercicio con ambas piernas.

47. Mantenerse sobre una barra de equilibrio.

48. Andar por encima de una barra de equilibrio con la ayuda del profesor que nos da la mano.

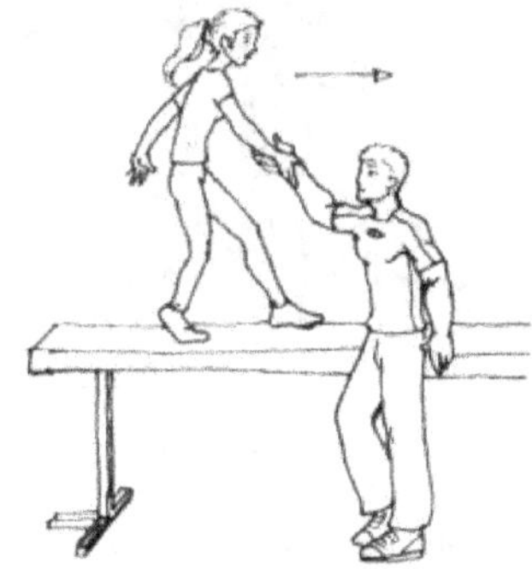

49. Andar por encima de una barra de equilibrio sin ninguna ayuda.

50. Caminar por una barra de equilibrio hacia el lado contrario, dar un giro de 180 grados y volver al punto de inicio

51. Caminar por una barra de equilibrio dando un giro de 360 grados en la mitad del recorrido.

52. Dar un pequeño salto en una barra de equilibrio cayendo de nuevo en ella.

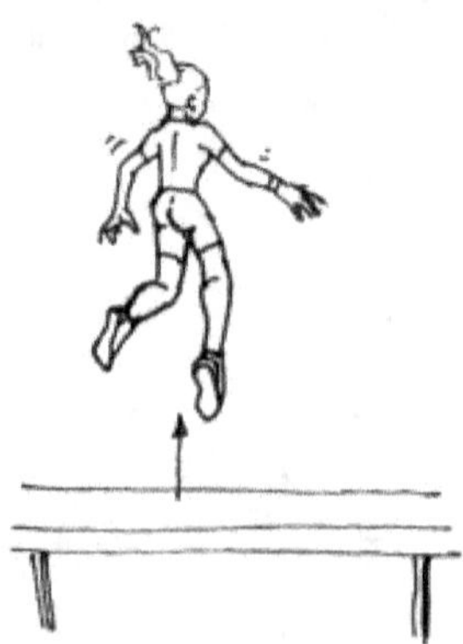

53. Pasar una barra de equilibrio trepando por debajo.

54. Saltar obstáculos separados a una misma distancia con los pies juntos y dando dos saltos entre cada uno de ellos.

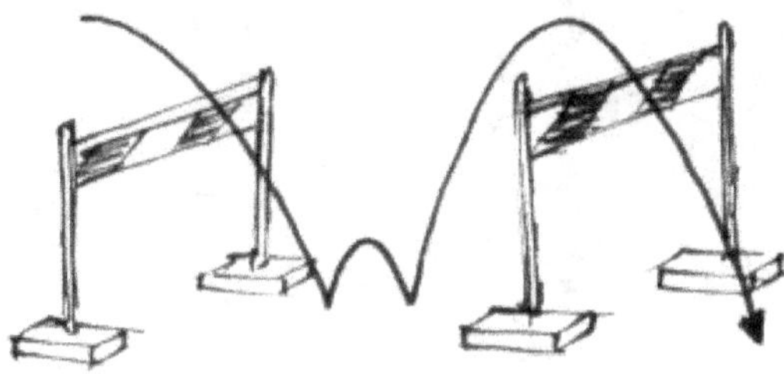

55. Igual que el ejercicio anterior pero ahora sólo podemos dar un salto entre cada obstáculo.

56. Subir una escalera dando saltos a pies juntos.

57. Subir una escalera dando saltos a pata coja.

58. Saltar de aro a aro a pies juntos.

59. Saltar de aro a aro a pata coja.

60. Mantenerse sobre una pelota grande con la ayuda de un companero.

61. Mantenerse sobre una pelota sin ninguna ayuda.

62. Con un pie sobre un monopatín desplazarnos en línea recta impulsándonos con el otro pie.

63. Desplazarnos sentados en un monopatín sin perder el equilibrio después de que nos hayan dado impulso.

64. De pie en un monopatín, mantener el equilibrio después de que nos hayan dado impulso.

65. Desplazarse hacia el otro lado del terreno de juego con la ayuda de dos sillas, pasando de una a otra como si fuesen nuestras propias piernas.

66. Colocar numerosas latas de conserva vacías en el suelo. Pasar al lado contrario del terreno de juego sin tocar el suelo.

67. Un jugador a cada lado de un banco sueco. Intercambiar las posiciones sin caer del banco.

68. Caminar sobre zancos construidos con latas y cuerdas sin perder el equilibrio.

3.6.2. EJERCICIOS DE COORDINACIÓN

3.6.2.1. En carrera

69. Correr hacia el lado contrario a diferentes velocidades según nos indique el profesor (bandera roja = lento, bandera verde = muy rápido)

70. Correr de espaldas hasta el otro lado del terreno.

71. Correr en zigzag entre banderines.

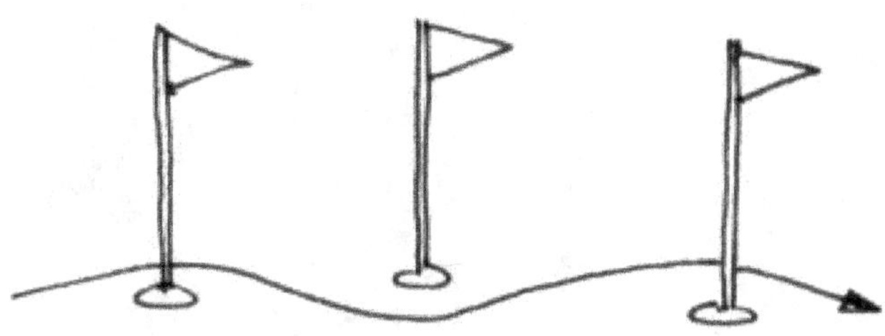

72. Correr en zigzag entre banderines de espaldas.

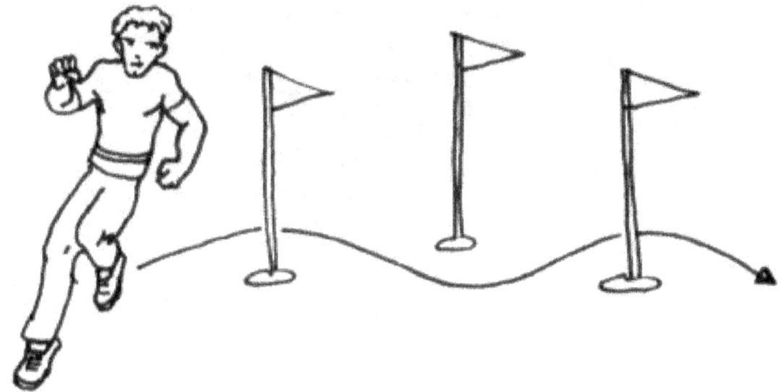

73. Correr por parejas con el pie derecho atado al izquierdo del compañero.

74. A pata coja, desplazarse apoyando las piernas según diferentes secuencias (izda – izda – dcha, izda – izda – dcha – dcha...)

75. Desplazarse por el terreno saltando con el pie derecho cada cinco, tres o un paso.

76. Pisar en cada hilera de aros con la pierna que corresponda.

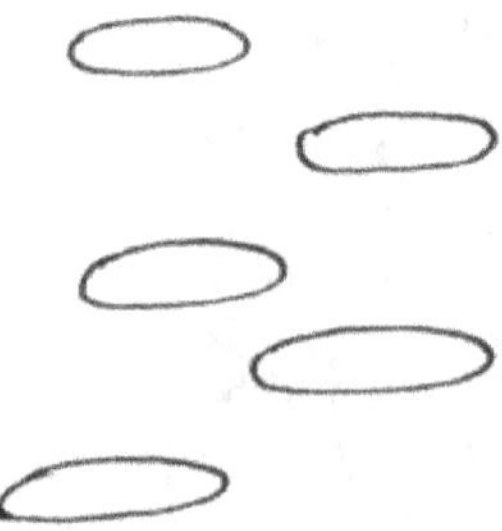

77. Desplazarnos mediante saltos abriendo las piernas y uniéndolas alternativamente.

78. Andar moviendo los brazos como si estuviésemos nadando.

79. Andar haciendo círculos con los brazos hacia atrás.

80. Igual que el ejercicio anterior pero ahora movemos los brazos hacia delante.

81. Parados, hacer círculos hacia delante con un brazo y círculos hacia atrás con el otro.

82. Igual que el ejercicio anterior pero ahora hacemos un círculo hacia delante con un brazo y un círculo hacia atrás con el otro mientras andamos por todo el espacio.

83. Correr como Caperucita, es decir, impulsándonos con una pierna y cayendo con la misma, dando entonces un pequeño paso para volver a saltar con la pierna contraria.

84. Igual que el ejercicio anterior pero ahora vamos haciendo círculos con los brazos hacia delante.

85. Igual que el ejercicio anterior pero ahora vamos haciendo círculos con los brazos hacia atrás.

86. Correr como una gacela, ampliando las zancadas al máximo.

3.6.2.2. Con implementos

87. Botar un balón de baloncesto en el sitio. Intentar cambiarlo de mano.

88. Botar un balón de baloncesto a medida que avanzamos por el terreno. Realizar recorridos botando con la mano hábil, la débil, alternando agarres...

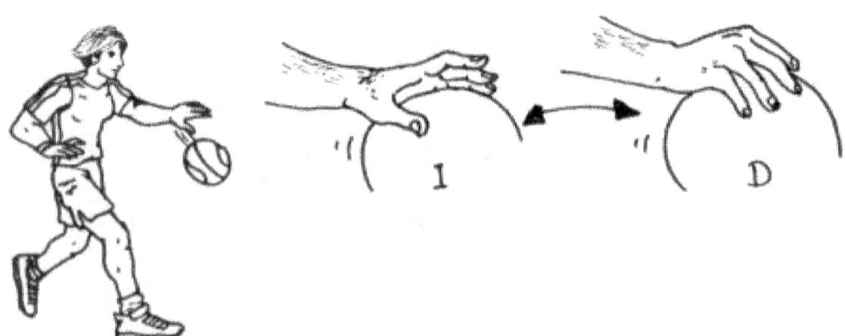

89. Conducir un balón de fútbol dándole pequeños patadas con la misma pierna.

90. Igual que el ejercicio anterior pero ahora golpeamos la pelota con una y otra pierna de forma alternativa.

91. Desplazarse golpeando un balón hacia arriba, de modo que dé un bote y volvamos a golpearlo.

92. En posición de parado, botar el balón y pasarlo entre las piernas, por la espalda, etc.

93. Por parejas. Desplazarse por el terreno pasando el balón cada vez que demos 3 o 5 pasos con él.

94. Saltar una comba que mueven dos compañeros.

95. Saltar una comba individual.

3.6.3. Giros sobre diferentes ejes

96. Rodar por una colchoneta tumbados en ella como si fuésemos una "croqueta".

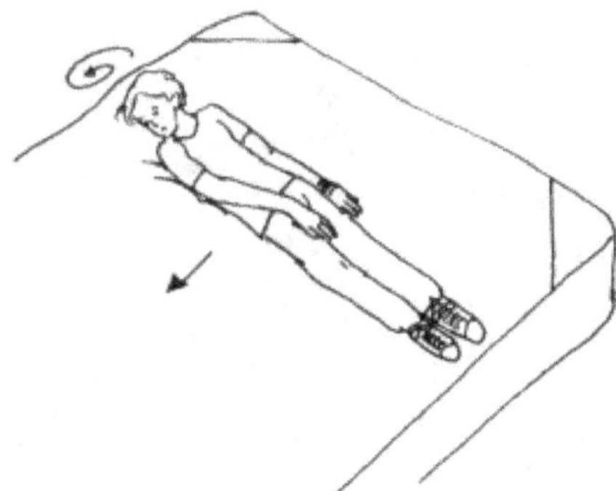

97. Colocarnos en cuclillas con la cabeza en la colchoneta. El profesor nos ayuda a que hagamos una voltereta. Al finalizar el ejercicio nos quedaremos tumbados en la colchoneta.

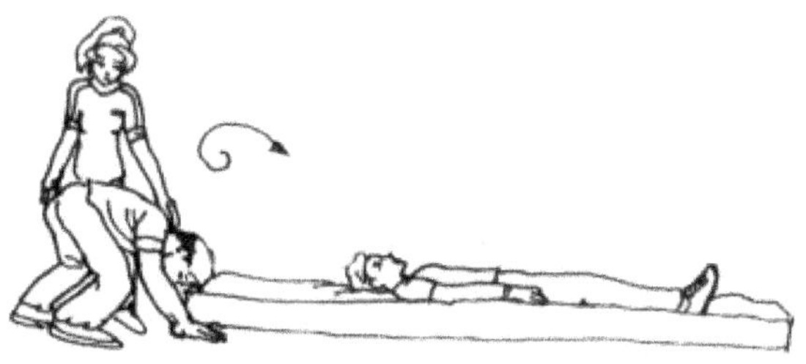

98. En plano inclinado. Nos colocamos en la misma posición inicial que el ejercicio anterior y realizamos la voltereta, saliendo del ejercicio colocándonos en cuclillas.

99. Igual que el ejercicio anterior, pero ahora la salida se hace con las piernas abiertas. Un compañero nos ayudará agarrándonos las manos. Una vez que consigamos afianzar el gesto quitaremos la ayuda.

100. Realizar los dos ejercicios anteriores en un plano horizontal sobre una colchoneta y sin ayudas.

101. Dar un paso al frente para apoyar ambos manos y hacer una voltereta sobre una colchoneta.

102. En cuclillas, lanzarse hacia atrás rodando sobre la espalda y volver a la posición inicial, como si fuésemos una cuna.

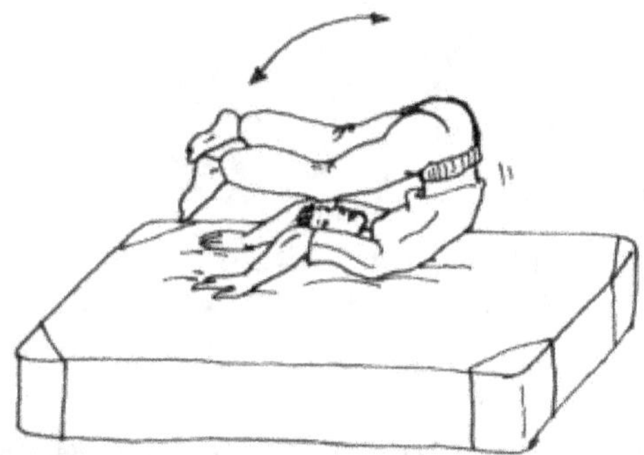

103. De pie y de espaldas a la colchoneta en un plano inclinado. Agacharse y lanzarse a la colchoneta girando sobre la espalda, apoyando las rodillas después de haber realizado el giro completo. Prestaremos atención a mantener la barbilla pegada al pecho.

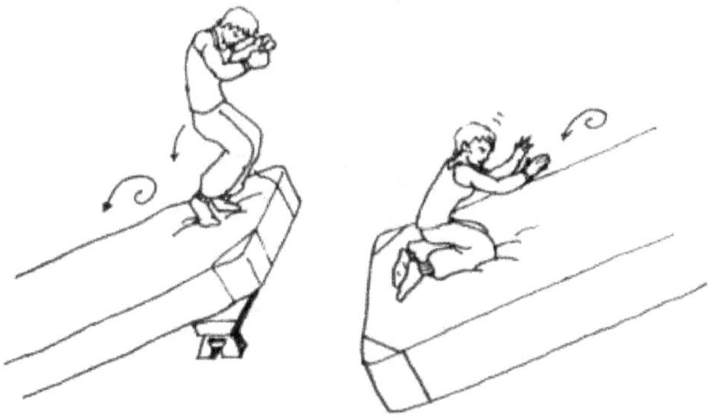

104. Igual que el ejercicio anterior, pero esta vez utilizamos los brazos para impulsarnos hacia arriba para salir del giro en cuclillas o casi de pie.

105. Realizar los dos ejercicios anteriores en un plano horizontal sobre una colchoneta.

106. Sujeto frente a un banco sueco con ambas manos apoyadas en él, pasar las piernas con un salto al lado contrario.

107. Igual que el ejercicio anterior, pero ahora intentamos elevar las piernas a la altura de la cintura.

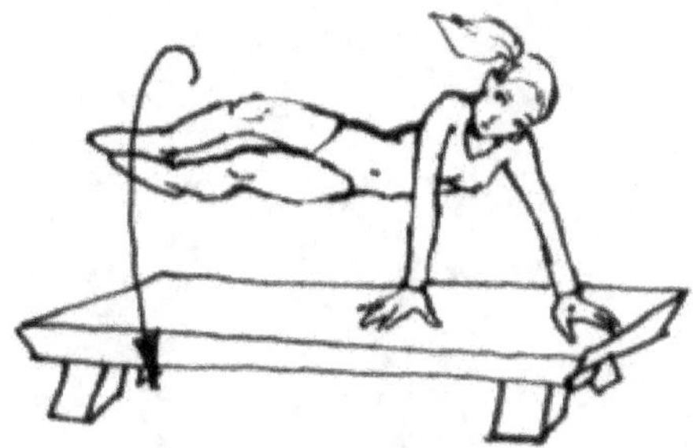

108. Igual que el ejercicio anterior, pero ahora intentamos elevar las piernas hasta ponernos casi perpendiculares al banco.

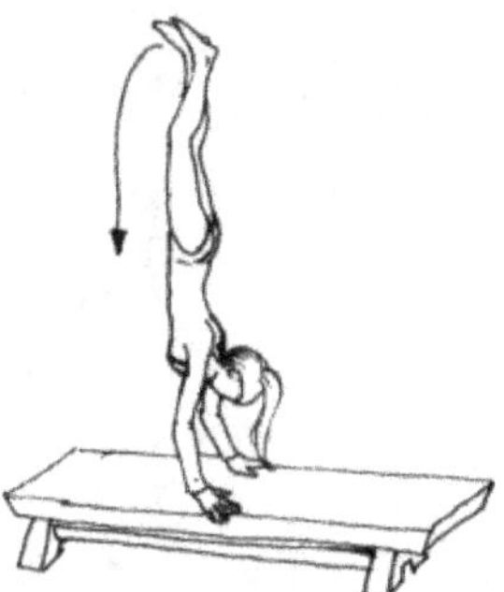

109. Realizar una rueda lateral encima de una colchoneta.

149

110. Con las piernas abiertas a la altura de los hombros, lanzarnos hacia un lado haciendo una rueda lateral intentando poner los apoyos en una misma línea recta.

111. Igual que la rueda lateral, pero ahora colocamos las manos en forma de "T" tal y como muestra la ilustración, de modo que al salir hayamos girado 180 grados. (Rondada)

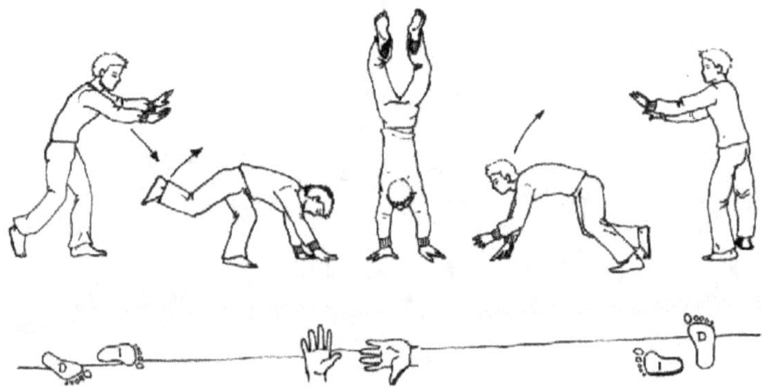

ANEXO A – ALFABETO DACTILOLÓGICO

El alfabeto dactilológico se sirve de la representación de cada letra individualmente en el espacio para solventar algunas lagunas existentes en la lengua de signos, como la inexistencia de un signo para representar un objeto o pensamiento, la incomprensión por parte de uno de los no oyentes de un gesto realizado por el otro, la necesidad de deletrear una palabra desconocida o de otro idiomas, nombres, etc.

Las ilustraciones que les mostramos a continuación deben ser entendidas desde el punto de vista del que ejecuta el movimiento. La persona que estuviese frente a nosotros vería el lado contrario de la mano.

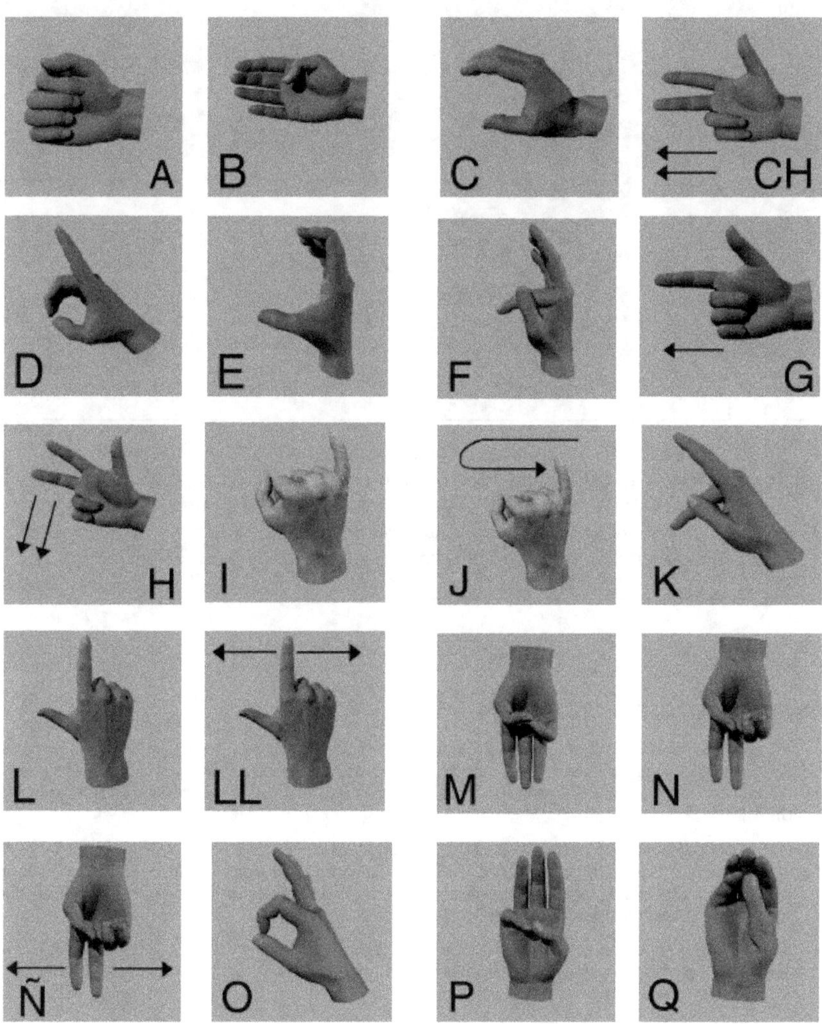

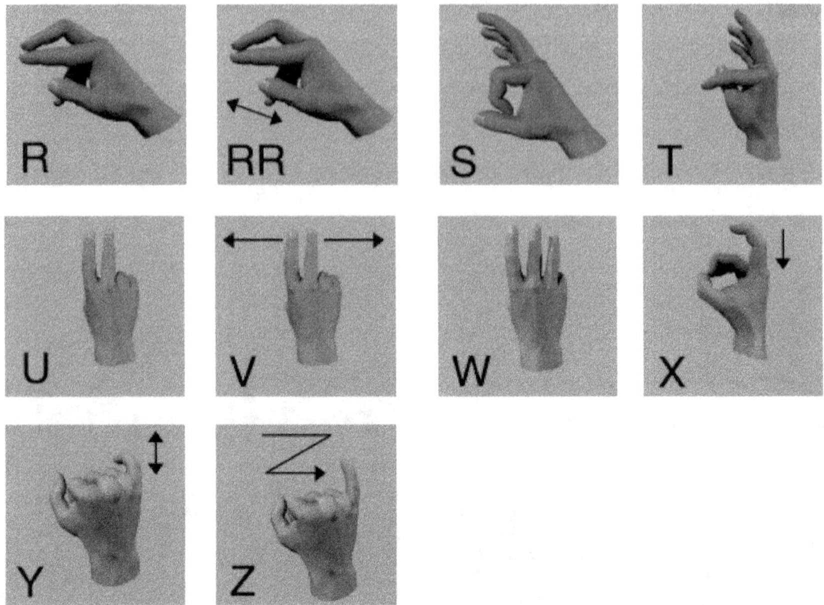

NOTA IMPORTANTE: en la letra "H" el movimiento comienza con el pulgar cerca de la barbilla y se dirige perpendicular hacia el suelo, por lo que la vista se ha ilustrado sería lateral. La letra "X" se inicia con el dedo semiflexionado y cercano a la barbilla, dirigiéndose hacia el suelo haciendo un arco de 45°. La "RR" se puede ejecutar moviendo los dedos cruzados hacia ambos lados o haciendo círculos.

¿Y AHORA QUÉ?

Ahora es el momento para poner en práctica todos los conceptos que ha aprendido. Invite a un alumno sordo o con alguna deficiencia auditiva que conozca la Lengua de Signos Española a su clase de Educación Física, y lleve a cabo los ejercicios que hemos propuesto en el apartado 3.6. del manual.

Si aún no se siente seguro de poder enfrentarse a alumnos con estas características pida ayuda a alguna asociación de sordos de su provincia, a los padres de alumnos, intérpretes, o a algún miembro de la comunidad sorda; seguro que muchos de ellos están dispuestos y ansiosos de participar en propuestas de integración como éstas.

A medida que practique la LSE con cualquier miembro de la comunidad sorda ampliará su vocabulario. Aproveche esta oportunidad para apuntar los conceptos en una libreta y realice algunas ilustraciones para no olvidarlos.

Estuvimos presentes durante la elaboración de las fotografías...

... a todos ellos GRACIAS.

4. BIBLIOGRAFÍA

- BAUTISTA, R. (1993) Necesidades educativas especiales. Aljibe. Málaga.
- BECERRO, L. Y PÉREZ, M.C. (1989) Educación del niño sordo en integración escolar. Madrid. UNED.
- DECLARACIÓN INTERNACIONAL DE LOS DERECHOS HUMANOS de 10 de diciembre de 1948.
- DOMINGO, J. Y PEÑAFIEL, F. (1998) Desarrollo curricular y organizativo en la educación del niño sordo. Málaga. ALJIBE.
- GARRIDO LANDIVAR, J y SANTANA HERNÁNDEZ, R. (1994) Adaptación Curricular. Madrid. CEPE.
- GONZÁLEZ MANJÓN, D. (1995) Adaptaciones curriculares. Guía para su elaboración. Málaga. ALJIBE.
- LEWIS, V. (1987) Desarrollo y déficit: ceguera, sordera, déficit motor, síndrome de Down, autismo. Madrid. PAIDÓS / MEC 1991.
- LGE. Ley 14/1970, de 4 de agosto, General de Educación y Financiamiento de la Reforma Educativa.
- LISMI. Ley 13/1982, de 7 de abril. Integración social de los minusválidos.
- LODE. Ley Orgánica 8/1985, de 3 de julio, Reguladora del Derecho a la Educación.
- LOGSE. Ley 1/1990 de 3 de Octubre de Ordenación General del Sistema Educativo.
- LOPEG. Ley Orgánica 9/1995, de 20 de noviembre, de la participación, la evaluación y el gobierno de los centros docentes.
- LÖWE, A. (1987) Detección, diagnóstico y tratamiento temprano en los niños con problemas de audición. Buenos Aires. MÉDICA-PANAMERICANA.
- MIRANDA, A. (1986) Introducción a las dificultades en el aprendizaje. Valencia. PROMOLIBRO.
- MOLINA GARCÍA, S. (1995) Bases psicopedagógicas de la Educación Especial. Alcoy. MARFIL.
- RAMIREZ, R.A. (1990) Conocer al niño sordo. Madrid. CEPE.
- REAL DECRETO 334/1985, de 6 de marzo, de Ordenación de la Educación Especial.
- REAL DECRETO 696/1995, de 4 de abril, de Ordenación de la educación de los alumnos con necesidades educativas especiales.
- RESOLUCIÓN 44/25 de 20 de noviembre de 1989, de la Convención sobre los Derechos del Niño.
- TORRES, S. y Otros. (1995) Deficiencia auditiva. Aspectos psicoevolutivos y educativos. Málaga. ALJIBE.
- VALMASEDA, M. (1987) Orientaciones para la educación del niño con deficiencia auditiva. Madrid. MEC-CNREE.
- WALTER BECKER y Otros (1986) Otorrinolaringología. Barcelona. DOYMA.